地球新発見の旅
What am I feeling

美しい日本へ
里山 里海の旅

Beautiful villages in Japan

里山でたけなわの春が春を歌いあげる　歌声はほがらかで新鮮な息吹に満ちている

盛りの夏が里海の浜で歌う　声は陽に煽られて激しく　寄せる波は逆光でのたり

そのぶん夏の黄昏はやさしいから　夕日に染まる桟橋に腰かけてのんびり火酒をすする

樹木がこれでもかと変貌する秋色の里山は　高く晴れ渡った空へワグナーを奏でる

シャンパンが似合うが　熱いエスプレッソでもいい　うまい番茶を両掌で包むのもいいか

冬の声は里山でも里海でもひゅうと鳴り　降り積もる雪のなかで石仏だけが発熱している

凍てつく冬の星空を振り仰ぐのは宮沢賢治で　ゴウゴウと走るのはもちろん銀河鉄道だ

日本人だから冬はそりゃあ熱燗だろう　……いやいや酒や茶のはなしではない

わたしたちには里山里海の見事な眺望があるのだから　四季の旅をしようというはなしだ

イザベラ・バードが泥道に往生しつつ人の情けを知ったのは　どこの里山だったんだろう
考古学のガウランドはせっせと山へ登り　ブルーノ・タウトは合掌村を秘境から解き放った
自然と対峙するのは西欧人の文化で　日本人の得意は自然と同化する文化だったはず
だから豊かな自然とか　手つかずの自然とか　軽々しく言わないほうがいいかもしれない
わたしたちは日本列島の改造とかいって　縦横無尽の道路で美しい水脈をずたずたにした
里山は荒廃して清流の魚たちは姿を消し　里海はさまざまなごみで無残に穢れてしまった
里から望む山や岬はたいてい神々の棲み処で　古来から人々が畏れた清廉な場所だったのに
里には寺社などの聖域があり　境内からの眺めは素晴らしいと相場が決まってもいた
里山里海の眺望とあらためて美酒を酌み交わせば　新しい旅の文化がはじまるかもしれない

地球新発見の旅
What am I feeling here ?

美しい日本へ

里山 里海の旅

CONTENTS

いつか訪れたい 日本の美しい里 エリア別 絶景MAP ①

関東・甲信越

荻ノ島環状集落（P.58）

北海道
52 旧国鉄士幌線タウシュベツ川橋梁 →96 北海道
59 十勝平野の牧草地 →110 北海道
65 厚沢部町のメークイン畑 →122 北海道
90 びえいの丘 →158 北海道
94 かみゆうべつチューリップ公園 →168 北海道
118 鶴居村のタンチョウ →198 北海道
131 恵比島駅 →230 北海道
東北
16 龍飛崎（龍飛漁港） →42 青森県
26 遠野 →54 岩手県
28 前沢曲家集落 →60 福島県
35 横手のかまくら →71 秋田県
41 霧幻峡の渡し →78 福島県
55 鶴の舞橋 →97 青森県
58 田園散居集落 →106 山形県
67 肘折温泉朝市 →126 山形県
81 大崎八幡宮能神楽 →149 宮城県
86 黒川能 →149 山形県
88 三ノ倉高原 →154 福島県
93 雲昌寺のアジサイ →166 秋田県
98 奥南部の漆 →174 岩手県
99 紅花染め →175 山形県
101 乳頭温泉郷・黒湯温泉 →176 秋田県
109 鳥海山木のおもちゃ美術館 →187 秋田県
121 尻屋崎の寒立馬 →206 青森県
124 JR五能線 →214 青森県／秋田県
125 JR只見線 →218 福島県／新潟県
129 秋田内陸縦貫鉄道 →228 秋田県
137 農家民宿果菜里庵 →234 山形県
北海道
青森
秋田
岩手
山形
宮城
新潟
福島
栃木
群馬
長野
茨城
埼玉
東京
千葉
山梨
神奈川
❶
❷

いつか訪れたい 日本の美しい里 エリア別 絶景MAP ②

中国・四国

6 奥祖谷・落合集落
→26
徳島県

9 備中松山城
→29
岡山県

12 外泊(石垣の里)
→34
愛媛県

17 虫明湾
→44
岡山県

19 鞆の浦
→48
広島県

20 遊子水荷浦
→50
愛媛県

29 板井原集落
→62
鳥取県

32 佐波川こいながし
→70
山口県

33 小豆島の中山虫送り
→70
香川県

36 大山の大献灯和傘灯り
→72
鳥取県

40 仁淀川
→74
高知県

72 東後畑の棚田
→132
山口県

75 樫原の棚田
→138
徳島県

80 肥土山農村歌舞伎
→148
香川県

82 佐陀神能
→149
島根県

92 高開の石積み
→164
徳島県

100 阿波藍染め
→175
徳島県

105 湯原温泉
→184
岡山県

106 高知県むろと廃校水族館
→186
高知県

112 吹屋
→192
岡山県

120 大浜海岸のアカウミガメ
→204
徳島県

126 JR山陰本線
→220
鳥取県／島根県／山口県

133 美作滝尾駅
→231
岡山県

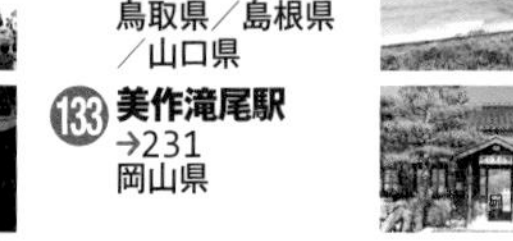

九州・沖縄

2 椎葉村下松尾地区
→14
宮崎県

4 西椎屋集落
→22
大分県

15 﨑津集落
→40
熊本県

21 有明海
→52
熊本県／佐賀県
福岡県／長崎県

22 長部田海床路
→52
熊本県

23 荒尾干潟
→52
熊本県

24 御輿来海岸
→53
熊本県

25 大魚神社
→53
佐賀県

46 阿蘇の湧水
→88
熊本県

48 球磨川
→94
熊本県

49 多良木町
→95
熊本県

50 人吉市
→95
熊本県

51 球磨村
→95
熊本県

54 通潤橋
→97
熊本県

56 田染荘
→98
大分県

61 朝倉の三連水車
→114
福岡県

64 知覧の茶畑
→120
鹿児島県

71 星野村の棚田
→128
福岡県

77 大浦の棚田
→142
佐賀県

110 杵築
→188
大分県

113 竹田
→194
大分県

116 菅原神社
→197
宮崎県

128 JR大村線
→226
長崎県

132 嘉例川駅
→231
鹿児島県

134 大分県宇佐市安心院町
→233
大分県

139 民宿和み
→235
沖縄県

沖縄
139

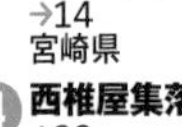

東海・北陸

7 越前大野城
→28
福井県

8 郡上八幡城
→28
岐阜県

11 須賀利町
→30
三重県

13 間垣の里
→36
石川県

30 白川郷
→64
岐阜県

31 五箇山
→68
富山県

34 武家屋敷 旧田村家の風車棚
→71
福井県

43 菅浦の湖岸集落
→82
滋賀県

44 木津呂集落
→84
三重県

富山 石川 福井 岐阜 滋賀 京都 鳥取 島根 兵庫 岡山 広島 山口 大阪 奈良 三重 愛知 静岡 香川 愛媛 徳島 高知 和歌山 福岡 佐賀 長崎 大分 熊本 宮崎 鹿児島

45 馬瀬川
→86
岐阜県

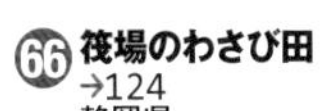

47 郡上八幡の吉田川／小駄良川
→92
岐阜県

53 蓬莱橋
→96
静岡県

66 筏場のわさび田
→124
静岡県

69 陣屋前朝市
→127
岐阜県

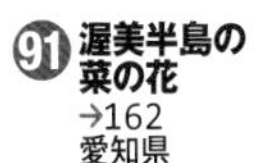

70 輪島朝市
→127
石川県

78 日引の棚田
→146
福井県

91 渥美半島の菜の花
→162
愛知県

127 天竜浜名湖鉄道
→224
静岡県

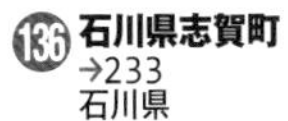

136 石川県志賀町
→233
石川県

鹿児島

近畿

5 果無集落
→24
奈良県

10 竹田城跡
→29
兵庫県

14 伊根の舟屋
→38
京都府

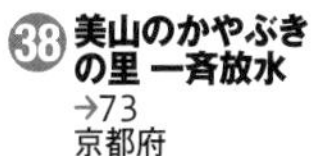

38 美山のかやぶきの里 一斉放水
→73
京都府

60 和束の茶畑
→112
京都府

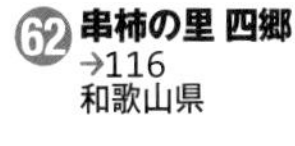

62 串柿の里 四郷
→116
和歌山県

63 大原の赤しそ畑
→118
京都府

74 あらぎ島
→136
和歌山県

85 那智の田楽
→149
和歌山県

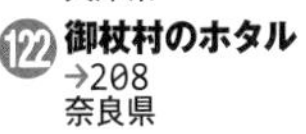

119 円山川下流域のコウノトリ
→202
兵庫県

122 御杖村のホタル
→208
奈良県

126 JR山陰本線
→220
京都府／兵庫県

天空にたたずむ孤高の里山

1 長野県 飯田市

◆とおやまごう・しもぐりのさと

遠山郷・下栗の里

九十九折の道をたどれば、天を突く斜面に張り付く畑と家々

↑下栗の里の駐車場から15分ほど山道を上った先にあるおおぎびら展望台からの眺め。ほかにも住民が手がけたビュースポットが数カ所存在する

急斜面の地形と気候に順応した丁寧な暮らしが営まれている里山

信州の南端に近い遠山郷は、中央構造線に沿って延び、静岡県の遠州灘(えんしゅうなだ)と諏訪湖を結ぶ秋葉街道が通り、交易や善光寺への巡礼でかつて賑わった。

太陽が足下から昇るという表現がある下栗の里は、標高800〜1000mに位置し、最大傾斜38度の南東向きの斜面に耕地や家屋がある。稲作に不向きな地形のため、畑作が中心だが、山地特有の気候や日照時間が長いことから、ジャガイモ、こんにゃく、そば、大豆など多様な作物が栽培されてきた。傾斜地の畑に、土の流出防止と足場設置のための木材が置かれているのも下栗の里の特徴だ。現在も住民は手作業で畑を耕しながら、自給自足に近い生活をしている。

散策info　**遠山郷観光協会**　☎0260-34-1071
所 長野県飯田市南信濃和田548-1
(道の駅 遠山郷・かぐらの湯 アンバマイ館)

遠山郷・木沢地区

●とおやまごう・きざわちく

廃校の旧木沢小学校(P.187)は、地元住民が交流施設として保存。周辺の山々から木材を運搬するために、昭和中期に運行された遠山森林鉄道(写真)の復元も行っている。

遠山郷の霜月祭

●とおやまごうのしもつきまつり

旧暦11月(霜月)に遠山郷の各神社で行われてきた祭り。冬至を過ぎると日照時間が長くなることを、太陽の復活に例え、煮たったお湯を素手ではねかけるなどにより、神も人も清まると考えられている。地区によって特徴は異なる。

しらびそ高原
しらびそこうげん

下栗の里から15km北にある標高約1900mの高原で、南アルプスの山々を間近に望み、天の川の観測にも好条件が揃う。

ここが自慢です！

信州遠山郷には絶景スポットがたくさんあります。谷から山頂まで、標高が400～1900mと幅がありますので、約1カ月紅葉が楽しめます。豊かな自然に囲まれて、ゆったりとした時間をどうぞ味わってください。
遠山郷イメージキャラクター
とおやま丸

こぼれ話 郷土料理にも使われる下栗芋

エゴマ味噌などをぬった下栗芋を囲炉裏の火で炙った味噌田楽は、遠山郷を代表する郷土料理にもなっている

下栗の里の急斜面で育つジャガイモは小ぶりで甘みが強く、煮崩れしないのが特徴で、連作もできる。かつては夏と秋の年2回収穫されたことから、二度芋とも呼ばれる。

おでかけどき

静かな天空の集落が一変する行事も見逃せない

霜月祭は毎年12月上旬に各地区の神社で、下栗の里では下栗拾五社大明神で毎年12月13日に開催。祭りのハイライトの湯切りは夜に行われる。紅葉の時季に開かれる下栗ふれあい祭りは農産物の販売なども。桜の季節に訪れるなら、秋葉街道宿場町の面影を残す和田地区で、遠山川沿いに咲く遠山桜（写真）を見ておきたい。

行き方

●飯田駅／飯田ICから下栗の里まで車で約1時間10分
●平岡駅から下栗の里まで車で約40分
飯田駅まではJR中央本線と接続する岡谷駅からJR飯田線で約2時間30分、平岡駅までは愛知県の豊橋駅からJR飯田線で約3時間（特急の場合は約1時間50分）でアクセス。飯田駅からは下栗の里の麓を通る路線バスがあるが、1日2～3便。飯田ICまでは、岡谷JCT、愛知県の小牧JCTから各1時間10分ほど。木沢地区、和田地区へは、下栗の里から車で20～30分。

お泊まり情報　下栗の里には民宿やロッジが数軒建つ。温泉施設もある和田地区には旅館やゲストハウス、しらびそ高原にも宿泊施設がある。

写真提供:椎葉村観光協会

↑大イチョウ展望台から仙人の棚田を望む。集落は山中に広く点在するので、同じ椎葉村といえども、地区によって生活風景や伝統は少し変わってくる

地域の活性化へと導いた棚田は困難な生活環境の中から生まれた

九州の北東部～南西部にかけてそびえる山地に位置する椎葉村。なかでも山地の尾根地帯にある下松尾地区は、かつて水環境が乏しく、産業は主に焼畑農業。「下松尾には嫁をやるな」といわれたほど、生活するには厳しい環境だったが、地域の住民たちが協力して、水路を開拓し、稲作が可能な土地を整えた。棚田は雲海に覆われた幻想的な様子から仙人の棚田と呼ばれ、村の観光名所に。棚田で採れたお米は仙人の棚田米として、ブランド化にも成功した。

平家落人の里でもある村には、細い谷間や山の斜面に小規模集落が散在。どの集落も「かてーり」という助け合いの精神で、数々の伝統を今に受け継ぐ。

●日向市駅から椎葉村中心部まで車で約1時間30分
●熊本空港から椎葉村中心部まで車で約2時間

村の中心部は上椎葉ダムなどがある地域で、村内の道路は幅が狭く、急勾配や急カーブも多い。宮崎空港からは日向ICを経由して車で約3時間。日向市駅までは宮崎駅からJR特急にちりんに乗車して約50分で到着する。駅周辺でレンタカーの利用も可能だ。路線バスも出ているが、1日2便の運行で所要は約2時間30分。

椎葉神楽
●しいばかぐら

村の26地区で伝わり、地域ごとに特徴もさまざまで、今も生活として続く狩猟や焼畑農業など、山での暮らしが舞に反映されている。祭りは一年の締めくくりとして位置付けられている。

十根川集落
●とねがわしゅうらく

山の斜面に石垣や石段を使って造成した細長い平地に、家屋や畑を設けて暮らしている。家屋は土間や居間など各部屋が横一列に並ぶ構造で「椎葉型」とよばれ、部屋間の仕切りを外して広く使えるといった利点もある。

鶴富屋敷
●つるとみやしき

源氏の末裔である那須家の住宅で、平家の鶴富姫と源氏の那須大八郎による悲恋物語の舞台。物語は民謡『ひえつき節』で歌い継がれている。

椎葉厳島神社
●しいばいつくしまじんじゃ

平家討伐の命を受けた那須大八郎は、山でつつましく暮らす平家の残党の姿を憐れんで、平家ゆかりの厳島神社を勧進した。

写真提供:椎葉村観光協会

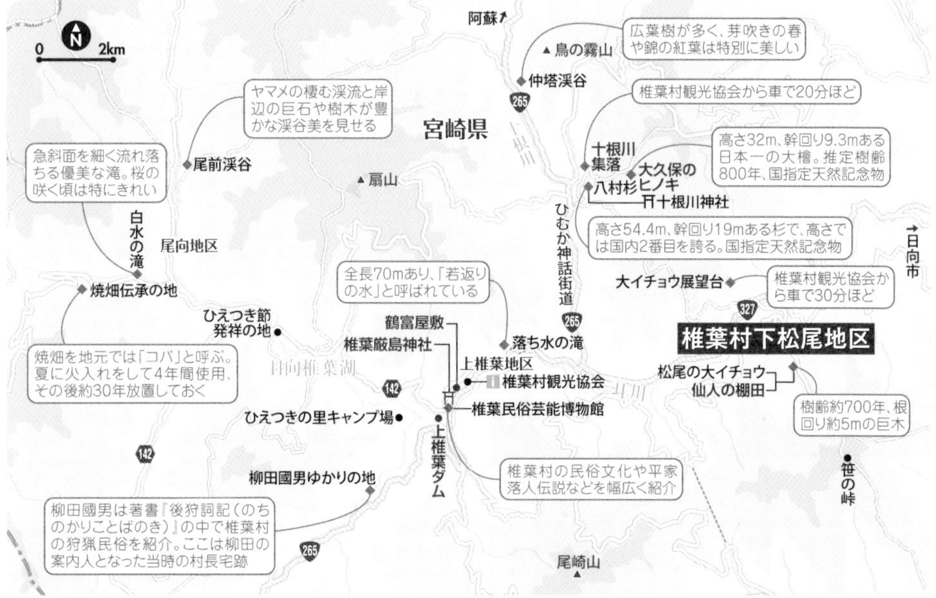

上椎葉ダム
かみしいばダム

日本で最初の大規模アーチ式ダムで、完成後は戦後の九州における電力需要を支えた。観光放流が行われることもある。

大久保のヒノキ
おおくぼのヒノキ

幹周り9.3m、樹高32mと国内最大規模の檜で、大久保集落へ最初に住み着いた祖先の墓印として大切にされている。推定樹齢は約800年。

ここが自慢です！

椎葉村は面積の96％が山林で、四季折々に山々の表情を変えてくれます。1000mを超える山々が多く、登山をはじめ、ヤマメ釣り、キャンプ、山菜料理、焼畑農法、伝統芸能「椎葉神楽」など、一年を通して楽しむことができます。また、なんといっても平家落人伝説の残る村として、文化財など多くの観光スポットもございます。ぜひ、日本の原風景が残る椎葉村へお越しください！

椎葉村マスコットキャラクター　おつるちゃん

おでかけどき

村の歴史と文化を継承する祭りの時期は要チェック

村で最大の行事は毎年11月第2金〜日曜に上椎葉地区で開催される椎葉平家まつり（写真）。鶴富姫と那須大八郎の悲恋物語をテーマにした華々しいパレードがハイライトだ。椎葉神楽は11月中旬〜12月下旬にかけて行われ、多くは夜通しで奉納される。四季の風景が目当てなら、上椎葉ダムのほか、ダムから車で20〜30分ほどの距離にある尾前渓谷や仲塔渓谷へ足をのばそう。

こぼれ話　彩り豊かな椎葉名物・菜豆腐（などうふ）

祭りや冠婚葬祭など人が集まるときに食された椎葉村の郷土料理で、刻んだ野菜や花を豆乳に混ぜて固めている。大豆が貴重とされていた時代、豆腐に使う大豆の量を減らすために野菜や花を入れるようになったのが始まりだ。伝統的に使われる食材は、やせた土地でもよく育つ平家カブの菜っ葉だが、現在では春の菜の花や藤の花、秋のキノコなど、旬の素材も豊富に取り入れている。

↑冷奴や湯豆腐でいただく。野菜が入っている分、歯ごたえがある。旬の素材を入れることで見た目でも四季を楽しめる

散策info
椎葉村観光協会　☎0982-67-3139
所 宮崎県椎葉村下福良1826-108

お泊まり情報　観光協会などがある上椎葉地区で10室前後の旅館を利用するのが最も便利。尾向地区まで向かえば家庭的な民宿もある。

3
長野県
栄村／
新潟県
津南町

秋山郷
あきやまごう

信州と越後の境。閉ざされた山峡でたくましく生き抜いた村

↓わずか4戸のみで構成される新潟県津南町の見倉集落。庭先に整備された田畑に囲まれ、自然と共生する循環型の暮らしが受け継がれている。県最大級の栃の木が立つ

↑長野県栄村に属する小赤沢（こあかさわ）集落。苗場山と鳥甲山の間に棚田と集落が広がり、栃の木で作られる木工細工や山ブドウで編んだバッグなどが作られている

写真提供:栄村秋山郷観光協会

屋敷集落(栄村)
やしきしゅうらく

戦国時代には上杉・武田・北条の抗争に翻弄された歴史も。かつては畑まで徒歩1時間の道のりだったが、戦後に開墾された水田が今も集落の暮らしを支えている。

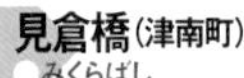

見倉橋(津南町)
みくらばし

写真提供:津南町観光協会

古くから見倉と結東の集落を結んできた木製の美しい吊り橋。「秋山郷の宝石」とも呼ばれ、映画のロケ地にもなった。

結束の石垣田(津南町)
けっとうのいしがきだ

火山噴火による玄武岩が転がる土地を開墾して石段を組み、水を引き入れて造成した石垣水田。石垣は高いところで3mにもなる。保存会による保全活動や農業体験が行われている。

山間にぽつんと存在する小さな集落 昔の暮らしと言葉が時を超えて残る

中津川上流域の長野県栄村(さかえむら)と新潟県津南町(つなんまち)にまたがり点在する13の集落の総称。壇ノ浦の戦いに敗れた平家の落人が住み着いたともいう一帯は、2000m級の山々に囲まれ、冬には3mもの雪に閉ざされる。

苗場山(なえばさん)に伝わる秋田の阿仁地域を起源とするマタギ文化(P.229)、稲作に不向きな土地に築かれた石垣田、独特の文法やなまりのある秋山郷方言、夏に行われる焼畑耕作など、周辺から隔絶された環境での生活風景は、形を変えながらも今日に受け継がれてきた。稲ワラをていねいに編んだ「ねこつぐら」や、豊富な栃の木を生かして作る秋山大鉢といった手仕事も、伝統工芸として大切に守られている。

行き方

●長野駅からJR飯山線で約2時間10分、津南駅下車
●越後湯沢駅からJR上越線・北越急行ほくほく線で約31分、十日町駅下車、JR飯山線に乗り換えて約26分、津南駅下車

越後湯沢駅からの列車は六日町駅で乗り換える場合も。津南駅からは南越後観光バスで約25分、まず秋山郷の入口にあたる見玉集落へ。見玉からは森宮交通の乗合タクシー(1日3便、要予約)に乗車。各集落を経由して最奥部の切明集落まで、およそ1時間で結ぶ。車の場合は、豊田飯山ICから約1時間、塩沢石打ICから約1時間。

ここが自慢です！

秋山郷では現役のマタギが現存し、村民は昔からの伝統や習慣を大事にしながら生活しています。おすすめは紅葉の時季。小赤沢集落から切明集落まで、迫力の布岩や鳥甲山の風景と一緒にお楽しみください。

栄村秋山郷観光協会　芝田 真起さん

津南見玉公園の石落し（津南町）

つなんみだまこうえんのいしおとし

溶岩でできた柱状節理が、高さ330mの絶壁からガラガラと音を立てて崩れる石落し。地元の有志らが土地を開き公園に整備したことで、迫力ある景色が見られるようになった。

蛇淵の滝（栄村、津南町）

じゃぶちのたき

栄村と津南町の県境にまたがる落差30mの滝。栄村の熊取り名人が丸木だと思って渡った橋が、実は大蛇だったという恐怖体験が名前の由来。

写真提供:津南町観光協会

上野原の天池（栄村）

うえのはらのあまいけ

鳥甲山（とりかぶとやま）のヒマラヤひだを背景に広がる標高1020mの崩落地形にできた池。周辺の上野原地区の棚田などのための農業用貯水池でもある。

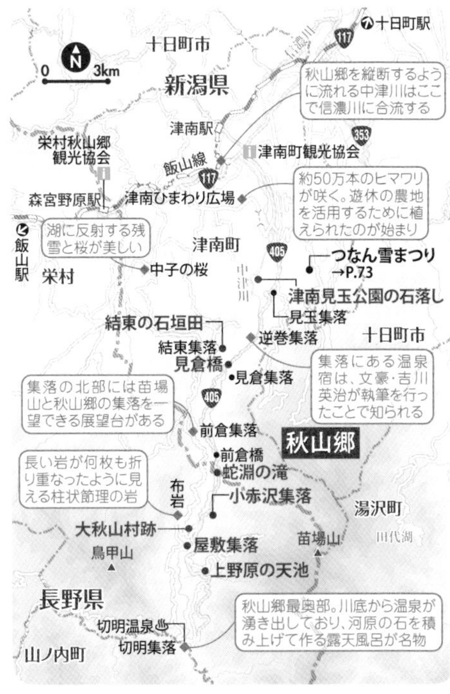

おでかけどき

集落特有の花景色と、秋の山全体を彩る紅葉を観賞

見倉集落の白樺の林床に群生するカタクリの花（写真）は4月上旬～下旬が見頃。上野原の天池は早朝や日没後に訪れるのも一興。一帯の紅葉が見頃を迎えるのは10月上旬から。苗場山周辺など標高の高いところから色づく。

写真提供:津南町観光協会

こぼれ話　大秋山村（おおあきやまむら）跡に残る悲しい歴史

現在の屋敷集落と前倉集落との間にあった大秋山村は、この地で最初に人が住むようになった根源の集落。しかし、江戸中期の天明の大飢饉（1782～88）で大秋山村の8戸と隣の矢櫃村（やびつむら）の2戸が全滅。約50年後の天保の大飢饉（1833～36）には矢櫃村近くにあった甘酒村（あまさけむら）の2戸が消滅してしまった。昭和59年（1984）に3つの村の墓石が大秋山村跡に移され、毎年8月15日に住民らによって供養が行われている。

➡大秋山村跡の栗の大木の下には、およそ20基の墓石や石仏が大切に残されている
写真提供:栄村秋山郷観光協会

散策info

栄村秋山郷観光協会　☎0269-87-3333
所 長野県栄村北信3586-4
津南町観光協会　☎025-765-5585
所 新潟県津南町下船渡戊585

お泊まり情報　屋敷や結東、切明などいくつかの集落には温泉宿が点在し、小赤沢集落ではマタギの話が聞ける民宿が人気だ。

4
大分県
宇佐市

にししいやしゅうらく

西椎屋集落

九州のマチュピチュとも呼ばれ、多くの石橋が残る空に近い村

天空に浮かぶ山間部の家並みは南米の空中都市を思わせる美景

国東(くにさき)半島の西側、深い谷間に集落が点在する宇佐市院内町(いんないまち)。江戸後期から昭和前期に架けられた数多くの石橋が残り、「日本一の石橋のまち」といわれている。院内町南部にある西椎屋集落は、標高の高い崖地に集落が築かれており、石垣を設けた棚田と集落、背後の円錐形の山の風景が、南米ペルーの世界遺産マチュピチュに似ていると評判を呼んでいる。付近には宇佐のマチュピチュ展望所があり、集落を一望できる撮影スポットとして人気。集落には西椎屋神社があり、樹齢1300年を越えて町を見守る大イチョウがたたずむなど、奥深い緑と大自然が残る町並みを肌で感じたい。

行き方

●大分駅からJR久大本線特急ゆふで約1時間20分、豊後森駅下車、西椎屋集落まで車で約25分
●安心院ICから西椎屋集落まで車で約25分
公共交通機関は中津駅から大分交通バスなどを乗り継ぎ、西椎屋または西椎屋神社バス停で下車。停車するのは火・木曜のみ、1日2往復と運行本数が非常に少ない。大分駅から安心院ICまでは車で約50分。

集落の背後の尖った山は地元の人に「秋葉様」と呼ばれ、火伏せの神として信仰されている

ここが自慢です！

宇佐市には雄大な大自然を感じられる名所が点在しています。なかでも西椎屋集落は、世界遺産のマチュピチュにそっくりだと近年SNSで人気急上昇！展望所では4〜11月の土・日曜、祝日に天空の市が開催され、宇佐市の特産や新鮮な野菜、果物などが販売されています。景色と一緒に地元の味を楽しんで！

宇佐市役所観光・ブランド課観光振興係　井ノ口 華奈さん

おでかけどき

集落に緑が映える春から夏がベスト

新緑の5月や夏の7〜8月は緑の美しい集落を一望するのにぴったりの季節。宇佐市の自然あふれる景勝地を巡るなら、夏がおすすめ。岳切渓谷ではキャンプができるため、グリーンシーズンは渓谷の清流とともに楽しめる。一年を通して温暖だが雨の多い地域のため、梅雨や台風情報などは特に注意したい。

岳切渓谷

たっきりけいこく

耶馬渓の溶岩がつくりだした一枚岩の岩盤の間を流れる渓流。大飛の滝までの約2kmは、足首が浸かるほどの浅い川が続き、全国でも珍しい水流遊歩道となっている。

鳥居橋

とりいばし

町の名物である石橋群のなかでも有名な5連アーチの橋。支間と高さがすべて異なる造りと、天に伸びるように長い橋脚を持ち、石橋の貴婦人と呼ばれている。

両合棚田

りょうあいたなだ

急勾配の独特な地形に石積みで田を築いた約120枚の棚田。昔ながらの掛干しによる稲作が続けられ、日本の棚田百選に選定されている。

宇佐のマチュピチュ展望所

うさのマチュピチュてんぼうしょ

国道387号にある展望所。まるで空中都市のような西椎屋集落の全景が見渡せるフォトスポットで、孤高の家並みと山々が神秘的。

散策info

宇佐市役所観光・ブランド課観光振興係
☎0978-27-8171
所 大分県宇佐市上田1030-1

お泊まり情報　西椎屋集落には宿泊施設がないため、安心院地区の安心院温泉など周辺の温泉宿を利用したい。

5
奈良県
十津川村

◆はてなししゅうらく
果無集落

世界遺産に登録された熊野への参詣の道が通る信仰の里

紀伊山地の秘境・十津川村にある 1000年の熊野信仰が息づく集落

奈良県の最南部に位置し、和歌山県と三重県の県境に近い日本一の面積を持つ村・十津川村。村内には小辺路と大峯奥駈道の2つの熊野本宮大社への参詣道が縦断し、熊野三山の奥の宮である玉置神社が鎮座する熊野信仰の要所でもある。

小辺路の難所である果無峠への登り口にはこぢんまりとした集落があり、自給自足の生活を送りながら何百年と巡礼者を見守ってきた。民家の庭先を世界遺産の巡礼の道が通る風景は、この地ならでは。

ほかにも十津川村には、谷瀬の吊り橋や野猿など、紀伊山地の山々と共存してきた営みを感じるスポットが点在。どこか懐かしい景色に癒やされる。

行き方

●五条駅から奈良交通バス新宮駅行きで約3時間10分、蕨尾下車、果無集落まで徒歩約1時間

●五條ICから果無集落まで車で約1時間45分

公共交通機関を利用する場合は五条駅までJR和歌山線で向かい、日本一走行距離の長い路線バスとして知られる奈良交通バス八木新宮線に乗車。1日3本しかないので注意。十津川村内はレンタカーでの移動がおすすめ。車の場合、谷瀬の吊り橋から十津川温泉までは40分、十津川温泉から果無集落までは10分。南紀白浜空港を利用する場合は果無集落まで約1時間40分。新宮駅からは約1時間10分。

↑民家の庭先を熊野本宮大社への参詣道である小辺路(こへち)が通る※私有地への立ち入りは厳禁

谷瀬の吊り橋
たにぜのつりばし

十津川に架かる日本最長の生活用鉄線吊り橋で、長さ297.7m、高さ54m。地元の人たちがお金を出し合い、村の協力も得て、昭和29年(1954)に造られた。橋を渡れるのは一度に20人未満で、自転車の乗り入れは禁止。

玉置神社
たまきじんじゃ

大峯連山の行場のひとつでもあり、熊野三山の奥の宮とされる。平安時代は霊場として栄えた。境内には樹齢3000年といわれる神代杉などの巨木が立ち並ぶ。

野猿
やえん

谷間にワイヤーロープを掛け、やかたと呼ばれる屋根付きの箱に乗り、ロープを手繰りながら進むかつての交通手段。今は観光用のみ。蕨尾バス停から徒歩20分の位置に乗り場がある。

笹の滝
ささのたき

十津川支流の滝川上流域にある滝。直瀑の下が渓流状になっているさまが美しく、日本の滝百選にも選定されている。

散策info　十津川村観光協会　0746-63-0200
所 奈良県十津川村小原373-1　※木曜休

ここが自慢です!

自慢の特産品は熟成栽培されたブナシメジや、柚べし、鮎、アマゴ。そのほか、日本酒の「谷瀬」や焼酎「いものかぶ」も誕生しました。宿の源泉かけ流し温泉でリラックスして、十津川で獲れた川魚&地酒を夕食にご堪能ください!
十津川村　郷士(ごうし)くん

こぼれ話　ほんまもんの温泉を堪能

十津川村は2004年に全国で初めて源泉かけ流し宣言をし、村内の湯泉地(とうせんじ)温泉、十津川温泉、上湯(かみゆ)温泉にある宿と公衆浴場がすべて源泉かけ流しに。お湯の循環や再利用、塩素消毒などをしていない上質な温泉が楽しめるのは、豊富な湯量の温泉が湧き出しているから。村内にある3つの温泉はそれぞれ効能が異なるので、湯めぐりを楽しむのもおすすめ。

➡雄大な眺望と良質な温泉を堪能できるのは十津川村ならでは

おでかけどき

四季折々の雄大な景色
玉置神社の神事も必見

渓谷と山々の色が美しく映える春から秋がおすすめ。毎年10月24日には玉置神社で例大祭があり、巫女の衣装を着けた男性が舞楽を奉する、弓神楽(ゆみかぐら)が行われる。

お泊まり情報　3つの温泉地付近には旅館が点在し、名湯と郷土料理を楽しめる。谷瀬の吊り橋周辺などの川沿いにはキャンプ場も。

6
徳島県
三好市

◆おくいや・おちあいしゅうらく

奥祖谷・落合集落

村人たちの結束と伝統を継承する険しい山奥の集落

↑9月上旬〜中旬には集落の家々の間や対岸の展望所付近でそばの花が見頃を迎える。奥祖谷のそばは香り高くきめ細かいのが特徴だ

狭い土地に設けた耕作地や家屋が深山幽谷の地での暮らしを物語る

徳島県の西端、標高1955mの剣山(つるぎさん)を最高峰とする急峻な山間部の斜面に集落が点在する奥祖谷地域は、平家の落人が再興をかけ、身を隠したと伝わる秘境。寒暖差の激しい一帯は古くは良質な葉たばこの産地だったが、現在は四国では珍しいそばが名産だ。

約32haの集落全体が保存地区の落合集落は、高低差約390mの急斜面に石垣を組んで造成した細長い平地に屋敷地や農地が一列に並ぶ。伝統的民家の多くは江戸中期から明治初期にかけて建てられ、主屋、隠居屋、納屋などが谷側に正面を向けて並立する。祖谷地方ではかつて隠居制の慣習があり、長男が嫁を迎えると、両親と兄弟は隠居屋に移ったという。

茅葺き屋根の民家
かやぶきやねのみんか

住民らの手により守られる昔ながらの落合集落の家屋。村外からも参加者を募って、屋根の葺き替え技術の研修を開くなど、技術伝承も盛んに行われている。

ここが自慢です!

平家落人伝説が残る秘境の地「祖谷」。国の重要伝統的建造物群保存地区に選定された落合集落をはじめ、東祖谷歴史民俗資料館や武家屋敷など、歴史文化を学びつつ昔懐かしい山村の原風景と、ゆったりとした山の暮らしをぜひ体感してください。
三好市観光協会　上田さん

行き方

●岡山駅からJR土讃線特急南風で約1時間50分、大歩危駅下車、四国交通バス祖谷線で約1時間4分、落合下車、落合集落まで徒歩約10分
●井川池田ICから落合集落まで車で約1時間20分

特急南風は1時間に1本運行。高松駅からは各駅停車に乗って多度津駅で特急南風に乗り換えるか、一日数本ある特急しまんとを利用する。大歩危駅からのバスは1日4便。岡山駅から車で向かう場合は約3時間。瀬戸大橋をわたり、国道32号を南下すると、井川池田ICの出入口に合流する。奥祖谷二重かずら橋、旧小采家住宅、大枝地区、名頃地区までは落合集落から車で20～30分の距離にある。

奥祖谷二重かずら橋
おくいやにじゅうかずらばし

祖谷川の上流、標高約1000mの山中に架かり、男橋と女橋の2本が並ぶ。平家の武士が剣山へ訓練に向かうために架けたと伝わり、シラクチカズラで編まれている。

名頃地区
なごろちく

300体以上のかかしが見られる、天空の村 かかしの里は、人形作りの得意な住民がカラス除けで置いたのが始まりで、地域おこしも展開された。

旧小采家住宅
きゅうこうねけじゅうたく

天保年間(1830～44)築で、祖谷地方の典型的な小規模民家。ヒシャギダケと呼ばれる割り竹で覆われた外壁と、正面に厠が置かれているのが特徴だ。

大枝地区
おおえだちく

屋島の戦いに敗れた平家一族が落ちのびたと伝わり、武家屋敷や平国盛が植えたという鉾杉が残る。里の名主・旧喜多家の武家屋敷(写真)は祖谷地方で最大の武家屋敷。

写真提供:三好市観光協会

おでかけどき

名頃地区のかかし文化と祖谷地方の自然にふれる旅

10月第1日曜には名頃小学校を中心に「かかし祭り」が開催され、毎年変わる懐かしい風景を再現し、バザーなどもある。祖谷渓谷(写真)が織りなす四季の風景など、大歩危駅から奥祖谷へ向かう際に通る祖谷地域の名所やイベントも要チェック。

散策info　三好市観光案内所　0883-76-0877
所 徳島県三好市池田町サラダ1810-18

お泊まり情報　落合集落の「桃源郷祖谷の山里」は茅葺き古民家を改装した一棟宿が点在。周辺の地域では温泉旅館、体験型民宿などが利用できる。

雲海に包まれる天空の城

攻め込まれにくい、敵の配置を見渡せるなど防御力に優れた山上の城。本来の役目は終えたが、雲海と織りなす姿は絶景として一躍注目の的に。

7 福井県大野市 越前大野城

◆えちぜんおおのじょう

↓撮影スポットは戌山(いぬやま)城址。越前大野城から西に1kmほど離れており、徒歩で1時間弱だが、展望台までは登山道を登らなければならない

標高約249mの亀山の上に立つ平山城で、現在の姿は、絵図などを参考に昭和43年(1968)に再建されたものだ。雲海は10～4月にいくつかの気象条件が重なった場合のみに現れ、年に十数回程度。11月が比較的確率が高いといわれる。

散策info ☎0779-66-1111(大野市観光交流課) 所 福井県大野市城町3-109 交 JR越前大野駅から徒歩30分 時 9:00～17:00(10・11月は～16:00)※早朝開場の場合あり 料 300円 休 12～3月

↑20分ほど登山道を歩くと天守に到着。内部では歴代城主の資料を展示している

8 岐阜県郡上市 郡上八幡城

◆ぐじょうはちまんじょう

↓朝霧が見えやすいのは秋～冬のよく晴れた日の早朝。朝霧が出るのは珍しいので、見られたら幸運だ

標高354mの八幡山(はちまんやま)の山頂に立つ。明治の廃藩置県の際に石垣以外が取り壊されたが、昭和8年(1933)に再建され、木造の再建城としては日本最古の歴史を誇る。秋冬の早朝、ごく限られた条件で周辺の峠から朝霧に包まれた城が望める(路上駐停車は禁止)。

散策info ☎0575-67-1819(郡上八幡産業振興公社) 所 岐阜県郡上市八幡町柳町一の平659 交 長良川鉄道郡上八幡駅からまめバス青ルートで14分、城下町プラザ下車、徒歩20分 時 9:00～17:00(6～8月8:00～18:00、11～2月は～16:30) 料 320円 休 12月20日～1月10日

9 岡山県 高梁市

備中松山城

◆びっちゅうまつやまじょう

➡山陽と山陰を結ぶ要衝を守った備中松山城。標高430mに建ち、山城としては唯一、現存天守を持つ

雲の波間から顔を出す
現存天守の山城

⬆9月下旬から4月上旬に雲海が望める。特に10月下旬から1カ月ほどは、濃い朝霧が発生しやすい　©岡山県観光連盟

高梁(たかはし)市街地の北端、4つの峰をいただく臥牛山(がぎゅうざん)の小松山に建つ山城。盆地にあり、城の西を流れる高梁川からの霧により、雲海が発生する。城から直線距離で約1.5km離れた展望台から、雲海の中にそびえる天守を望むことができる。

散策info 📞0866-21-0461(高梁市観光協会) 所 岡山県高梁市内山下1 交 JR備中高梁駅から車で10分のふいご峠(8合目)から徒歩20分 時 9:00～17:30(10～3月は～16:30) 料 500円 休 無休

10 兵庫県 朝来市

竹田城跡

◆たけだじょうせき

⬇「虎臥(とらふす)城」とも呼ばれる竹田城跡の全景。秋になると周辺の谷で朝霧が発生し、城跡のある山頂だけが雲上から顔を見せる。少し離れた立雲峡という展望台から眺められる　写真提供:吉田利栄

宙に浮かんでいるような
400年前の古城

但馬(たじま)地方南部の山里にひっそりとたたずむ竹田城跡は、廃城から400年以上が経った今も、遺構をほぼ完全な形で残す全国でも稀有な山城跡。天守台は標高353.7mにあり、縄張りは南北400m、東西100mという規模を誇る。

散策info 📞079-674-2120(情報館 天空の城) 所 兵庫県朝来市和田山町竹田 交 JR竹田駅から天空バス(全但バス)で20分、竹田城跡下車、徒歩20分 時 季節により異なる(HPで要確認) 料 500円 休 荒天時 ※冬季は要問い合わせ

⬆竹田城跡の天守台から見る雲海。竹田城跡と立雲峡、2カ所の移動は1～2時間かかる

里海という名の隠れ桃源郷

11
三重県
尾鷲市

◆すがりちょう
須賀利町

漁村内は世古（せこ）と呼ばれる細い路地が入り組んでいる
写真提供:三重フォトギャラリー

約200戸の瓦屋根の民家がびっしりと並ぶ漁村の姿が高台から一望できる。まるでミニチュアのような眺めだ　写真提供:三重フォトギャラリー

行き着くことが難しい土地にたたずむ入り組んだ湾奥の箱庭のような漁村

須賀利町(すがりちょう)は市街地と海を挟んだ向かいにある尾鷲(おわせ)市の飛び地。昭和57年(1982)に県道が開通されるまでは、行き来は航路のみで、陸の孤島とされた。人口は300人程度で、山と海に囲まれた狭い平地に家屋が密集。かつては渡し舟20分で市街地と結ばれていたが廃止され、現在は車で湾沿いをぐるりとまわって40分ほどで向かう。江戸時代には大阪と江戸を行き来する船の風待ち港で、マグロ漁やカツオの一本釣りにより栄えたが、現在は鯛の養殖が盛んだ。

紀伊半島東部に位置し、山と深い湾が複雑に入り組んだリアス海岸をもつ尾鷲市には、須賀利町のほかにも九鬼町など湾の奥に小さな港町が点在する。

●名古屋駅からJR紀勢本線特急ワイドビュー南紀で尾鷲駅まで約2時間40分、三重交通バス島勝線に乗り換えて島勝まで約45分、尾鷲市ふれあいバス須賀利地区線に乗り換えて約15分、須賀利町の旧小学校前下車
●紀伊長島ICから須賀利町まで車で約40分

まずは交通の拠点・尾鷲駅へ。特急ワイドビュー南紀は津駅、松阪駅にも停車するので、大阪方面から近鉄でアクセスする場合はこの2駅を乗り換え駅の候補にしよう。東京や横浜からは尾鷲市を経由する夜行バスも出ている。九鬼町など南部の港町への公共交通機関は、尾鷲駅からJR紀勢本線の普通列車か、尾鷲市ふれあいバス八鬼山線またはハラソ線を利用する。

九鬼町
くきちょう

戦国時代に最強を誇った九鬼水軍発祥の地。漁港沿いの道には堤防やガードレールが設けられていない。

写真提供:三重フォトギャラリー

写真提供:尾鷲市

梶賀町
かじかちょう

尾鷲市最南端の町。名物の梶賀のあぶり(写真)は、朝に獲れた小魚を桜の木で燻製にした保存食。

写真提供:尾鷲市

三木浦町
みきうらちょう

伊勢エビ漁、真鯛養殖の町。遠洋漁業の基地で栄えた過去も。三木城跡(写真中央)は戦国時代に4度も戦場になった。

三木里町
みきさとちょう

賀田湾の奥に位置する町。徳川吉宗が植えさせたという防風林の松の巨木が残る遠浅のビーチで名高い。

熊野古道伊勢路・馬越峠

くまのこどういせじ・まごせとうげ

熊野三山へ向かう5つの古道のひとつが伊勢路。伊勢神宮を訪れた庶民などが歩いた道だ。馬越峠では、雨による土砂や道の流出を防ぐ役割もある石畳の保存状況が良く、道沿いに林立するヒノキの木々とともに、昔日の姿を伝える。

ここが自慢です!

尾鷲市は山と海に囲まれた自然豊かな場所です。歴史や文化が残る世界遺産熊野古道や、海洋深層水の温浴施設「夢古道おわせ」のほか、新鮮な魚料理が食べられるお食事処も数々ございます。尾鷲市にぜひお越しください!

尾鷲市役所 商工観光課
三木 菜央実さん

おでかけどき

豊穣な海の恵みはもちろん、漁村の伝統行事も一興

尾鷲の食を満喫するなら、1月を除く毎月第1土曜に尾鷲漁港で開かれる尾鷲イタダキ市(写真)へ。新鮮な熊野灘の幸、尾鷲の特産品などが販売される。毎年成人の日に行われる梶賀町のハラソ祭りでは、色とりどりの大漁旗が掲げられたハラソ船で、江戸時代に盛んだった鯨漁の様子が再現される。

写真提供:尾鷲市

こぼれ話 たくましく成長する尾鷲ヒノキ

暖流の黒潮と急峻な紀伊山地に挟まれた尾鷲市は日本有数の多雨地帯。雨により土壌が流出されることが多いため、尾鷲ヒノキは痩せた土地で、長い年月をかけて育つ。その結果、美しい年輪と強固さを兼ね備えた木材として評価を得て、全国に広まっていった。熊野古道は尾鷲ヒノキを搬出する道としても機能していた。

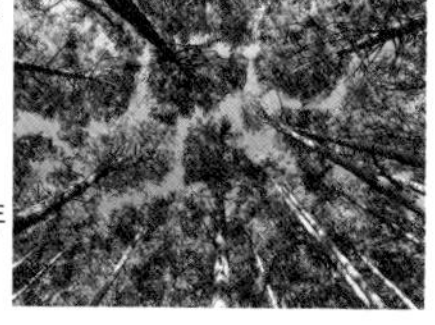

➲ヒノキの人工造林は、寛永7年(1630)頃から形成されていた
写真提供:尾鷲観光物産協会

写真提供:尾鷲市

尾鷲神社・ヤーヤ祭り

おわせじんじゃ・ヤーヤまつり

尾鷲七郷の総鎮守で、伊勢信仰や熊野信仰にもゆかりをもつ。神社の氏子たちを中心に祭事を行う宮座制度が残り、毎年2月1～5日に、豊漁・豊作を祈願するヤーヤ祭りは、若者たちが威勢の良いかけ声とともに町を練り歩く様子が見どころ。

天狗倉山

てんぐらさん

尾鷲市と紀北町にまたがる山。標高は522mで、馬越峠から600mほど登る。山頂近くの巨大岩からは尾鷲湾と市街地を望む。

散策info 尾鷲観光物産協会 ☎0597-23-8261
所 三重県尾鷲市中井町12-14

お泊まり情報 須賀利町には早朝の定置網漁や釣り体験プランも推進している民宿がある。尾鷲市街地はもちろん、賀田湾沿いにも宿が点在。

12
愛媛県
愛南町

◆そとどまり(いしがきのさと)

外泊(石垣の里)

豊後水道に面し、緻密に積まれた石垣に守られた集落

堅牢な石垣に囲まれた集落は 生きるための移住と開拓で生まれた

愛媛県最南端の愛南町(あいなんちょう)は、南に太平洋、西に豊後水道が広がる温暖な町。海に突き出た西海(にしうみ)半島の海沿いに位置する中泊集落は、幕末にイワシ漁の発展により人口が急増し、分家移住が行われた歴史が残る。中泊から約400m西にある山地へ、各家の次男・三男が移住してきたのが外泊集落の始まりだ。

外泊の風景を特徴づける石垣は、潮風や冬の季節風から家屋、イモや麦を栽培するための畑(段々畑は現在山林化)を守るために、移住後から明治時代初期にかけて築かれ、石は山を切り開いたときに掘り出されたものだ。各家の石垣は各々自己流で軒下まで積み上げられており、現在も変わらぬ姿を留める。

●宇和島駅から宇和島バス城辺・宿毛線で城辺営業所まで約1時間23分、宇和島バス城辺支線外泊行きに乗り換えて約40分、終点下車、外泊(石垣の里)まですぐ
●津島岩松ICから外泊(石垣の里)まで車で約1時間10分

宇和島バス城辺・宿毛線は松山市から出ている便もあり、城辺営業所まで約3時間(一部、宇和島駅で乗り継ぎ)。宇和島駅まではJR予讃線特急宇和海で約1時間20分で松山駅からアクセスできる。高知県側からアクセスする場合は、土佐くろしお鉄道の宿毛駅が起点となり、高知駅からは約2時間20分(中村駅まで特急利用)。宿毛駅からは宇和島バス城辺・宿毛線で城辺営業所まで約30分、車では外泊まで約40分だ。

集落には住民交流の場でもあった小川が流れ、山肌にも段々畑の名残の石垣、石畳の道などが見られる

遠見の窓
とおみのまど

海の状況を判断したり、食事の用意をしながら漁に出た家族の船を見たりするために、台所にある窓に近い石垣の壁にはくぼみがつけられている。地元では海賊窓とも呼ばれる。

屋敷神様
やしきかみさま

石垣の中に設けられた祠。ある石がどこに捨てても漁の網にかかって戻ってくることから、大漁と繁栄の神様として祀られることになった。

七蔵垣
しちぞうがき

高台に見られる集落内で最も美しく積まれた石垣。高さは7mほどで、吉田七蔵さんが17歳のときに築いたといわれる。

だんだん館
だんだんかん

休憩スポットで、観光案内所も備える。古民家風の施設には食事処も備え、宇和海の幸を使った定食などを用意。

おでかけどき

石垣を生かしたイベントと愛南町の食にもふれたい

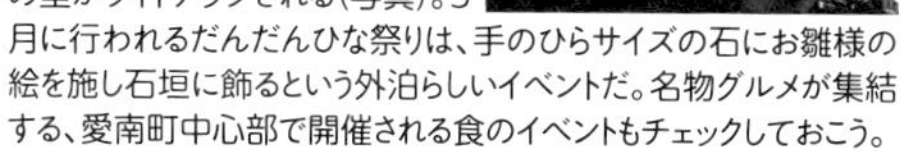

3月上旬〜GWにかけては、石垣の里がライトアップされる（写真）。3月に行われるだんだんひな祭りは、手のひらサイズの石にお雛様の絵を施し石垣に飾るという外泊らしいイベントだ。名物グルメが集結する、愛南町中心部で開催される食のイベントもチェックしておこう。

散策info　愛南町観光協会　☎0895-73-0444
所 愛媛県愛南町御荘平城4296-1
（道の駅 みしょうMIC内）

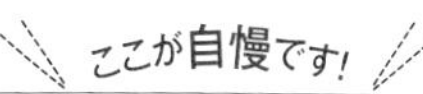
ここが自慢です！

穏やかな春の一方で冬は風が強いなど、外泊（石垣の里）は、四季によって表情が一変します。また、集落にはビュースポットがたくさんあるので、海の景色も楽しみつつ散策してみてください！ カツオをはじめ、愛南町自慢の豊かな海の幸も忘れずに。
愛南町キャラクター　なーしくん

こぼれ話

愛南町を代表する味覚カツオ

↑びやびやとは愛南町の方言で、新鮮で弾力があるという意味。旬は4〜6月の初カツオだ

外泊から東に10kmほど離れたところにある深浦漁港は、四国有数のカツオの水揚げ量を誇る。釣ったその日に水揚げされたカツオは愛南びやびやかつおと呼ばれ、鮮度維持のため、漁港周辺でしか味わえない。

お泊まり情報　外泊付近で宿泊するなら、だんだん館近くか、隣の中泊にある民宿を利用しよう。愛南町中心部まで戻ればホテルや旅館もある。

13
石川県
輪島市

◆まがきのさと

間垣の里

美しくも厳しい奥能登の自然と生きる暮らしのかたち

能登半島の奥地での暮らしを支え 厳しい風雪から集落を守る垣根

能登半島北部にあたる奥能登地域は、田の神に感謝する「あえのこと」、海水を砂浜に撒いてから作る揚げ浜式製塩など伝統的な農村文化が数多く残る。

輪島市の大沢町（おおざわまち）、上大沢町（かみおおざわまち）で見られる間垣もそのひとつ。間垣とは細い竹（ニガ竹）を割ってすき間なく並べた高さ約5mの垣根のことで、集落をぐるりと囲むことで、夏場は日陰をつくり、冬場は日本海から吹き付ける強い潮風から家を守る。川岸や田畑の脇、山林の斜面に生育するニガ竹、支柱で使うアテの木、結束の藤蔓など、材料は集落の里山で採取されたものばかりだ。毎年11月上旬、古いニガ竹を交換するなどして補修し、冬本番に備える。

上大沢町
かみおおざわまち

大沢町から西に3㎞ほど離れた小さな入り江の奥にある集落。山地と西二又川に挟まれた狭い土地に20軒ほどの家屋が建つ。間垣に加えて、防風林を設けている。

大沢町は大沢漁港を中心に間垣に囲まれた集落が広がる。間垣の景観を後世につなごうと、輪島市では竹の安定的供給から間垣の維持・修繕活動を促進し、地域とともに暮らしを支えている　写真提供:輪島市

桶滝
おけだき

底の抜けた桶のような、岩床にあいた丸い穴から水が落ちる珍しい滝。大沢の集落から1kmほど川を上ったところにある。

輪島市河井町
わじましかわいまち

輪島朝市(P.127)が開かれるなど輪島市の中心部。馬場崎(ばんばざき)通り(写真)では、輪島での昔の家屋を再現するなど、地域住民による町づくりが盛ん。

写真提供:輪島市

ここが自慢です!

間垣の里は、大沢・上大沢の間垣集落景観として、重要文化的景観に選定されています。間垣は自然と向き合ってきた人々の知恵が込められており、ここでしか見られない独特な景観ですよ。ほかにも輪島市には世界農業遺産「能登の里山里海」、長い歴史を持つ輪島朝市や輪島塗、キリコ祭りなど、多彩な魅力にあふれています。

石川県輪島漆芸美術館 公式キャラクター わんじまくん

写真提供:輪島市

おでかけどき

奥能登の農耕儀礼や夏祭りの時期に出かける

写真提供:輪島市

「あえのこと」は毎年12月5日と2月9日で、輪島市を含む奥能登地域の数カ所で見学ができる。祭りで注目したいのは、8月22～25日で行われる輪島大祭。キリコ(写真)と呼ばれる大きな奉燈をかついで、町内を練り歩く様子が見もの。

行き方

●金沢駅西口から北鉄奥能登バス輪島特急線で約2時間15分、輪島駅前下車、愛のりバス・西保コースに乗り換えて大沢まで約30分、上大沢まで約35分
●のと里山空港ICから大沢町まで約40分、上大沢町まで約45分

北鉄奥能登バス輪島特急線は輪島駅前(道の駅 輪島)、朝市のある通りを経由する。のと鉄道穴水駅からも北鉄奥能登バス穴水輪島線が出ており、輪島駅前まで約40分、穴水駅までは金沢駅から特急と普通列車を乗り継いで約2時間30分だ。愛のりバスは本数が少なく、輪島市中心部から車で間垣の里へ向かう場合は海岸沿いを西へ20分ほど進む。上大沢町集落入口に駐車場がある。

こぼれ話

北前船で栄えた黒島地区

間垣の里から車で30分ほど南西に進むと、黒島地区に至る。曹洞宗の大本山・總持寺祖院との関わりや、江戸中期～明治中期にかけて日本海を行き交った北前船の船主の居住地により栄えた歴史をもつ。

↑漆喰の白壁と黒い屋根瓦、板を一部重ねるようにして張られた外壁が特徴の伝統家屋が見られる
写真提供:輪島市

散策info　**輪島市観光協会**　☎0768-22-6588
所 石川県輪島市河井町20部1-131

お泊まり情報　田中屋旅館は大沢町の間垣集落の中にある宿。海岸線沿いに点在する旅館か、輪島市中心部の温泉宿やホテルも候補にあげたい。

14
京都府
伊根町

◆いねのふなや
伊根の舟屋

肩を寄せ合うようにして建つ家屋は、海に浮かぶかのよう

↑海面ぎりぎりに将棋の駒のような舟屋が並ぶ。ガレージの床に傾斜を設け、船を格納しやすくしている

湾をぐるりと囲む船の格納庫では今日も漁にいそしむ人々の姿がある

丹後(たんご)半島東部に広がる伊根町(いねちょう)。南端の伊根湾は、干満の差が小さく、湾口に浮かび防波堤の役割もある青島と、三方を囲む山々により波は穏やか。この地形のおかげで建てられたのが舟屋という建物で、伊根湾沿いには約5㎞にわたって230軒の舟屋がある。

舟屋は漁船(かつては木造)を保管するための建物で、湾から船を直接引き入れるために、間口を開けた造りに。内部は当初、網などを干すために木板を渡すのみで吹き抜けだったが、1階は舟置き場、2階が副次的な生活空間という構造に変化していった。舟屋は漁業のための建物で、海から見て裏手にある生活道路を挟んだ先に生活基盤となる母屋が建つ。

舟屋(兵衛邸)
ふなや(ひょうえてい)

海水も入り込んでいる1階の舟置き場は、漁具の保管、漁師の仕事場としての機能も備える。兵衛邸では内部見学(有料)ができる。

ここが自慢です!

コンビニはないけど、おいしいお魚があります! 伊根町で、日本でも珍しい舟屋の景色と、海に寄り添って暮らす住民の営みを感じてもらえるとうれしいです。遊覧船で海の上から眺める舟屋も絶景です!
伊根町マスコットキャラクター
ふなやん

行き方

●京都駅からJR山陰本線ほか特急はしだてで天橋立駅まで約2時間10分、丹後海陸交通バス伊根方面行きに乗り換えて約1時間、伊根下車、伊根の舟屋まですぐ
●与謝天橋立ICから伊根の舟屋まで約40分

京都駅発の特急はしだては福知山駅から京都丹後鉄道を走り、宮津駅を経由し、終点天橋立駅へ向かう。天橋立駅へは、西舞鶴駅、福知山駅、豊岡駅からも京都丹後鉄道の普通列車でアクセスできる。伊根行きのバスは1時間に1本の運行で、道の駅がある舟屋の里公園にも停車する。伊根湾沿いは片道1時間ほどで歩けるが、レンタサイクル(無料、有料いずれもあり)の利用や、遊覧船による伊根湾の周遊も考えたい。車の場合、与謝天橋立ICまでは京都縦貫自動車道を経由して、京都駅から約1時間40分。

舟屋の里公園
ふなやのさとこうえん

伊根湾、舟屋群を一望できる丘陵地にある公園。伊根漁港で水揚げされた魚介を使った料理を出す道の駅もある。

伊根漁港の浜売り
いねぎょこうのはまうり

朝の日常風景。伊根町には魚屋がなく、住民は漁を終えて港に水揚げされた魚を直接買いに行く。好きな魚をバケツに入れ、量り売りで買う。

もんどり漁
もんどりりょう

一般家庭で見られる漁。もんどりという籠に、調理で残った魚のアラや内臓を入れて、海に沈めておいて魚介を獲る仕組みだ。ガイドツアーでの体験もある。

おでかけどき

新鮮な海の幸を食し迫力ある祭事を見に行く

旬の魚介を目当てにするなら、10～12月は京料理に欠かせない高級魚・丹後ぐじ(アカアマダイ)、冬の伊根ブリに注目だ。伊根は国内でも有数のブリ漁場とされる。港町らしく船渡御も行われる7月最終土・日曜の伊根祭(写真)や、祭礼船間での競争が見もので毎年8月20日のおべっさんなど、伊根の祭事を見たい場合は、夏で旅のプランを立ててみたい。

こぼれ話 伊根町の山里地域にも注目

↑筒川そば。そば祭りや、そば打ち体験ができる施設もある

伊根町南端の海沿いにある舟屋群から、北西に5㎞、山間部に位置する伊根町筒川(つつかわ)地区では、品種改良を行わない在来種によるそばの栽培が盛んで、そばの文化を残す活動も進められている。

散策info 伊根町観光協会 ☎0772-32-0277
所 京都府伊根町平田491

15
熊本県
天草市

◆さきつしゅうらく
﨑津集落

ゴシック様式の教会が静かに建つ天草の小さな漁村

キリシタンの歴史と独自の信仰文化 湾からの眺めが素敵な小さな村

中世以来、流通・貿易の要地としても栄えてきた漁村集落である﨑津は、16世紀にキリスト教がこの地に布教されてから、禁教下でもアワビの貝殻など、身近なものを信心具(祈りの用具)として代用し、信仰を続けてきたキリシタンの里でもある。「長崎と天草地方の潜伏キリシタン関連資産」を構成する遺産として、2018年7月に世界文化遺産に登録された。

そのシンボルともいえるのが集落中央にそびえる﨑津教会だ。漁村風景の家並みから、ひときわ高く飛び出した尖塔と十字架が、独特の景観を生み出している。集落から500段以上もの階段を上った丘にある展望公園は集落を一望できるスポットだ。

ここが自慢です!

﨑津集落では、珍しい信心具(信仰する際の道具)があります。﨑津資料館みなと屋には当時のジオラマや、キリスト教布教期から潜伏期の信心具が展示されています。お越しの際は、足を運んでみてはいかがでしょうか。
天草宝島観光協会　上村さん

おでかけどき

霧が出やすい
11～3月がおすすめ

海上にたちこめる霧は、地元漁師たちの間では「ほけぶり」とよばれ、11～3月頃の冷え込んだ早朝に発生する確率が高い。毎週日曜の午前中はミサのため一般客の教会内見学は不可。

絶好のビューポイントは集落から湾を挟んだ対岸側

●熊本駅から崎津集落まで車で約2時間30分
●天草空港から崎津集落まで車で約1時間

バスで向かう場合は、熊本桜町バスターミナルから九州産交バス快速あまくさ号で天草市中心部にある本渡バスセンターまで約2時間30分。本渡バスセンターから路線バスを乗り継げば約1時間30分で崎津集落に到着する。崎津も含め、天草の見どころを巡るなら、主要観光地を巡る天草ぐるっと周遊バス(2022年3月まで)を利用するか、熊本駅、本渡バスセンター周辺からレンタカーを利用したい。

海上マリア像
かいじょうマリアぞう

海に向かって立つマリア像は、漁業を生業にした集落の人々の航行の安全を見守っている。

﨑津諏訪神社
さきつすわじんじゃ

文化2年(1805)に潜伏キリシタンが発覚する「天草崩れ」の舞台となった神社。

散策info **天草宝島観光協会** ☎0969-22-2243
所 熊本県天草市中央新町15-7(天草宝島国際交流会館ポルト)

お泊まり情報 本渡港周辺と夕景が美しいことでも有名な下田温泉に旅館やホテルが集中している。崎津集落から下田温泉までは車で約30分。

16
青森県
外ヶ浜町

◆たっぴさき（たっぴぎょこう）

龍飛崎（龍飛漁港）

津軽半島の最北端、津軽海峡と小さな漁村を望む岬

龍飛埼灯台や青函トンネル記念館、階段国道などの観光も楽しめる

龍飛崎は、津軽半島の最北端にある津軽海峡に突き出た岬で津軽国定公園の一部。龍飛の由来は、アイヌ語で刀の上端という意味のタム・パから龍が飛ぶと当て字したなど諸説ある。源義経が空飛ぶ龍馬に乗って渡海したという伝説も残る。

太宰治が紀行『津軽』で“鶏小屋に突っ込んだと思ったら龍飛集落だった”と描写したことで知られる漁村・龍飛集落では、イカ漁などが盛ん。また、地下を通る青函トンネルの工事拠点となり、当時はたくさんの工事関係者が龍飛崎に住んでいた。多くの命が犠牲となった青函トンネル大工事の殉職者を慰霊する碑が龍飛崎の丘に立っている。

龍飛集落
たっぴしゅうらく

津軽半島北端にある集落。イカ漁をはじめ、昆布、アワビなどの漁業が盛ん。太宰治の小説『津軽』の一節を刻んだ文学碑もある。

竜泊ライン
たつどまりライン

龍飛崎から小泊（こどまり）までの国道で、最高地点にある展望台・眺瞰台からは峠道の九十九折と日本海の絶景が楽しめる。

龍飛埼灯台
たっぴざきとうだい

龍飛崎の突端に立つ日本の灯台50選にも選ばれている灯台。隣接する展望台からは北海道を望むことも。

龍飛埼灯台からは津軽海峡と龍飛崎の先端部に位置する帯島を望む

階段国道
かいだんこくどう

日本で唯一、歩行者しか通ることのできない階段の国道。龍飛埼灯台と龍飛漁港を362段の階段でつなぐ。

青函トンネル記念館
せいかんトンネルきねんかん

青函トンネルの歴史を音と映像、資料パネルなどを展示。実際に使用していた重機や工事記録なども見ることができる。

ここが自慢です!

外ヶ浜町には世界文化遺産の大平山元遺跡があるもん。この遺跡は旧石器時代から縄文時代への移り変わりの様子がわかって、今から1万5000年以上前の土器片を見ることができるもん。北東アジア最古の土器片だもん!
大平山元遺跡もりあげ隊
むーもん

おでかけどき

雪の降る時期を避けた5〜10月がおすすめ

豪雪地帯のため、雪の降る冬期を除く春〜秋がおすすめ。階段国道は梅雨時期にアジサイが綺麗に咲く。竜泊ラインでは秋に美しい紅葉が楽しめる。7〜8月には外ヶ浜町港まつりや龍飛・義経マラソン、9〜11月には本まぐろ解体ショーなどのイベントも開催。

こぼれ話 津軽海峡の漁火（いさりび）

夏から秋にかけ津軽海峡ではイカ漁が行われ、夜の海に煌々と灯る光は漁火と呼ばれている。龍飛崎からも津軽海峡の漁火を楽しむことができ、龍飛集落ではイカ漁の最盛期になると道路沿いがイカのカーテンで覆われる。

↑津軽海峡に浮かぶ漁船の光が闇夜を明るく照らす

行き方

●青森駅からJR津軽線で約1時間20分、三厩駅下車、外ヶ浜町営バスで龍飛漁港まで約25分、龍飛埼灯台まで約35分
●青森ICから龍飛崎まで車で約1時間30分

新青森駅から新幹線を利用する場合は、奥津軽いまべつ駅まで約15分、駅から徒歩2分の津軽二股駅からJR津軽線で三厩駅まで約15分。三厩駅と龍飛埼灯台を結ぶバスは1日6便ほど。現地での移動は龍飛崎周辺のみなら徒歩でもまわれる。レンタカーを利用するなら、青森駅、新青森駅または奥津軽いまべつ駅で借りよう。竜泊ラインやあじさいロード（県道281号）など冬期通行止めとなる道もあるので注意が必要。

青函トンネル
新函館北斗駅
津軽海峡
下北半島
龍飛崎（龍飛漁港）
竜泊ライン
三厩駅
奥津軽いまべつ駅
津軽二股駅
陸奥湾
大平山元遺跡
蟹田駅
日本海
十三湖
津軽半島
津軽線
北海道新幹線
津軽中里駅
津軽鉄道
青森駅
青森IC
鰺ヶ沢駅
五所川原駅
新青森駅
青森JCT
八戸駅
五能線
→P.214
青森空港
岩木山
奥羽本線
東北自動車道
青森県
弘前駅
0 10km

散策info
外ヶ浜町産業観光課 ☎0174-31-1228
所 青森県外ヶ浜町蟹田高銅屋44-2

お泊まり情報 龍飛崎周辺にはホテルが1軒のみで、三厩駅側に行けば旅館がある。竜泊ラインでつながる小泊に行くと民宿もある。

17
岡山県
瀬戸内市

◆むしあけわん
虫明湾

小さな島々に守られ、養殖筏が浮かぶ美しく穏やかな湾

潮待ちの港として栄えた2つの港町と多島海瀬戸内ののどかな眺望

瀬戸内市北東部に位置する虫明は、中世頃から江戸時代にかけて潮待ちの港として栄えた。海では、穏やかな海域を生かして戦後からカキの養殖が盛んになり、現在では岡山県内でも指折りの産地に。港や高台からは、無数の養殖筏や、鴻島(こうじま)、長島をはじめとした島々が織りなす風景を望むことができる。

虫明の南西部に位置する牛窓(うしまど)も歴史ある港町で、しおまち唐琴通り周辺には、往時の繁栄を偲ぶ白壁土蔵の家並みが残されている。

海辺が港町として栄えていた時代、同じ瀬戸内市の内陸部の町、備前長船(びぜんおさふね)が刀の日本一の生産量を誇っていたことも興味深い。

●岡山駅からJR赤穂線で約25分、邑久駅下車、邑久駅から両備バス虫明愛生園線で約35分、虫明下車、虫明湾まですぐ
●備前ICから虫明湾まで車で約20分

邑久(おく)駅から虫明へ向かうバスは1日7本(土・日曜、祝日は3本)程度。邑久駅から牛窓へは、両備バス(北まわり牛窓線)を利用。所要約25分で、1時間に1本の運行。長船駅までは邑久駅から赤穂線で約4分。レンタカーなら岡山駅周辺で借りるのがよい。

平安時代、平忠盛が「虫明の　迫門の曙見る折ぞ　都のことも忘られにけり」と詠んだことも。当時は養殖筏はない

ここが自慢です！

瀬戸内市牛窓沖に浮かぶ黒島では、潮がよく引く干潮時にロマンティックな砂の道が現れます。3つの島が弓形につながった黒島ヴィーナスロードは恋人たちのパワースポット。ぜひお越しくださいね。
瀬戸内市観光協会
林さん

備前福岡
びぜんふくおか

鎌倉時代には一大商業都市として、のちに城下町として栄えた。「三つ角」「歪」「鬟」など、中世の町割りが残されている。

牛窓オリーブ園
うしまどオリーブえん

昭和17年（1942）に開園した日本オリーブ株式会社の自社農園。山頂広場や展望台からは牛窓の風景が一望できる。

しおまち唐琴通り
しおまちからことどおり

朝鮮通信使の一行が寄港するなど、港町として繁栄した江戸時代から昭和30年頃の町並みが今も見られる。

備前長船刀剣博物館
びぜんおさふねとうけんはくぶつかん

平安時代から著名な刀匠を数多く輩出している備前長船にある刀剣専門の博物館。日本刀の制作工程なども見学できる。

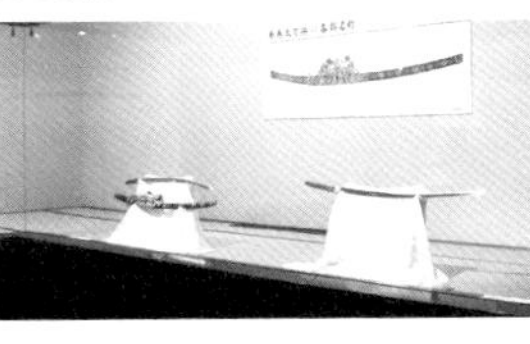

こぼれ話　牛窓の夕陽、ムーンロード

牛窓の夕景は日本の夕陽百選に選出されている。また満月の前後、天候が良ければ、海に映る月明かりが月に延びる一本の道のように見えるムーンロードが現れる。

幻想的なムーンロード

おでかけどき

虫明湾の朝日を見るなら9月上旬頃がおすすめ

迫門の曙の撮影は、立春から210日の前後1週間がおすすめといわれる。周辺観光や町歩きは通年楽しめる。カキのベストシーズンは10月末～4月上旬。

散策info　**瀬戸内市観光協会**　0869-34-9500
所 岡山県瀬戸内市牛窓町牛窓3031-2

お泊まり情報　軒数は少ないが虫明周辺に民宿が点在。牛窓にはホテルや旅館なども集まっている。

18
新潟県
佐渡市

◆しゅくねぎ
宿根木

隘路に沿って船板を貼った総二階建ての家々が密集する

廻船業で繁栄を見せた 独特の家並みを持つ小さな集落

宿根木は佐渡島の南西部に位置し、廻船業(北前船)の基地として船主や船乗りらが暮らし始めた集落。江戸時代になると近くの小木港が商業の中心になり、宿根木には船主・船大工や職人らの居住が進み、千石船の産業の基地として大いに繁栄を極めた。

宿根木は広さ約1ha、そこに約220棟の建造物が高密度で立ち並ぶ独特の景観を今も残している。狭い土地を有効に使うために敷地いっぱいに建物を広げて総二階建てにし、塩害から建物を守るために外壁には船板を貼るなど、独特の家並みが広がる。一見質素な外観だが、内部は豪勢な造りになっている家も見られる。

行き方

●直江津港から小木港へ佐渡汽船のジェットフォイルで約1時間15分。小木港から宿根木まで新潟交通佐渡バスで約12分

●新潟港から両津港へ佐渡汽船のジェットフォイルで約1時間10分、カーフェリーで約2時間30分。両津港から宿根木まで車で約1時間10分

宿根木周辺にとどまらず、島内各地を訪れたい場合は、両津港に到着するフェリーを利用したほうが便利だ。レンタカーは港周辺で借りることができる。路線バスは本数が少ない区間もあるので注意。直江津港へは直江津駅と北陸新幹線上越妙高駅から連絡バスが出ている。新潟港は新潟駅から路線バス15分でアクセスできる。

谷を切り崩して開かれた宿根木の集落。細い路地が張り巡らされ、主屋や土蔵、納屋などが敷地いっぱいに建てられている

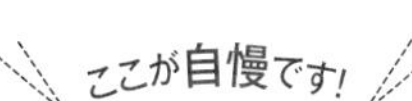
ここが自慢です!

新潟県内唯一の町並み(重要伝統的建造物群保存地区)宿根木集落は、2021年で30周年を迎えています。1haの狭い地域に約220棟の家屋が集中、石置き木羽(こば)葺き屋根をはじめ縦板張り格子建築、石畳の小路、三角家などで観光客を魅了しています。
ガイド石塚さん、
案内所職員・吉川さん、
ガイド有田さん(写真左から)

たらい舟
たらいぶね

岩礁が多い海岸で、安定性と機動力が求められ誕生したのがたらい舟。小木周辺では観光客が乗船できるスポットがある。

三角家
さんかくや

弘化3年(1846)の水害以降、近隣から移築、Y路地の形状に合わせて建てられた家。見た目から舟形の家とも呼ばれる。内部見学可(営業日要確認)。

佐渡国小木民俗博物館・千石船展示館
さどこくおぎみんぞくはくぶつかん・せんごくぶねてんじかん

旧宿根木小学校の校舎を利用した博物館。隣接する建物内には安政5年(1858)に宿根木で造船された千石船が復元展示されている。

沢崎鼻灯台
さわさきはなとうだい

小木半島の突端、溶岩台地の上に立ち、佐渡の南西端を見守る八角形の灯台。

こぼれ話
白山神社の例祭・宿根木祭り

廻船が海の難所を航海する際に、船玉明神に安全祈願をしたことに由来を持つ大神楽舞楽「ちとちんとん」、大獅子などが奉納される。

↑毎年10月第2土・日曜に奉納される

おでかけどき
四季折々の楽しみがある佐渡島を満喫する

宿根木を含めた佐渡島は、季節ごとの風景やグルメが楽しめる。冬は積雪の場合もあるので、レンタカーの運転などは十分注意したい。

散策info
南佐渡観光案内所
☎ 0259-86-3200
所 新潟県佐渡市小木町1935-26

お泊まり情報 宿根木周辺には民宿や古民家宿などがある。相川エリアまで足をのばせばリゾートホテルなどさまざまなタイプの宿が利用できる。

19
広島県
福山市

◆とものうら

鞆の浦

国内外との交易で栄えた潮待ちの港は、今もその名残を残す

『万葉集』で詠まれた風光明媚な港町 小路には貴重な歴史的建造物も

瀬戸内海に面した沼隈(ぬまくま)半島の先端に位置する鞆の浦。風待ち、潮待ちの港として栄え、古くは遣唐使、太宰府へ向かう防人、江戸時代には朝鮮通信使やオランダ商館長の一行らも寄港してきた。交易の面でも北前船の寄港地として賑わいをみせ、江戸時代に築かれた雁木(がんぎ)、常夜燈、船番所跡、波止(はと)、焚場(たでば)といった港湾施設を見ることができる。

港周辺には今でも280を超える貴重な歴史的建造物が残り、伝統的建造物群保存地区に選定されている。また町の西側に多くの寺院があり、沼名前(ぬなくま)神社の参道には多くの寺社が集まっていることもあり、町全体が落ち着いた雰囲気に包まれている。

行き方

●福山駅からトモテツバス鞆線で約30分、鞆港下車、鞆の浦まで徒歩すぐ

●福山東ICから鞆の浦まで車で約30分

各地から鉄道でアクセスする場合は、山陽新幹線（一部を除く）も停車する福山駅を利用。のぞみへの乗車で、岡山駅からは約16分、広島駅からは約25分で到着する。福山駅から鞆の浦へは、トモテツバスが1時間に2～3本程度運行。鞆の浦と尾道の間は、3月中旬～11月下旬にかけて瀬戸内クルージングの小型フェリーが運航している。土・日曜、祝日のみ1日2便、所要55分。

写真中央、高台に控えるのは真言宗の寺院、圓福寺・大可島城跡。いろは丸事件のときは、紀州藩が滞在していた

こぼれ話 坂本龍馬ゆかりの地を訪問

龍馬が率いる海援隊の「いろは丸」が紀州の軍艦と衝突、沈没したとき、上陸した地が鞆の浦だった。町には龍馬が身を隠した商家や海難談判が行われた建物などが今も残されている。

↑常夜燈のそばにあるいろは丸展示館

常夜燈
じょうやとう

安政6年(1859)築の灯台で、現存する江戸時代の常夜燈としては最大で、鞆の浦のシンボル的存在。たもとには、海面へのびる雁木と呼ばれる階段状の荷上場が残る。

対潮楼
たいちょうろう

朝鮮通信使の李邦彦が朝鮮より東で一番美しい景勝地(日東第一形勝)と讃えたことで知られる景色が広がる。

太田家住宅
おおたけじゅうたく

保命酒の醸造を行っていた中村家の建造物。明治時代に太田家所有となった。保命酒蔵や炊事場などを残す。国の重要文化財。

ここが自慢です!

鞆の浦は、瀬戸内海を代表する景勝地、瀬戸内海の中央に位置し古くから潮待ちの港として栄え、多くの歴史上の人物も立ち寄りました。今でも繁栄した多くの歴史的な町並みが残る、心が癒やされる港町です。

鞆の浦観光情報センター ガイドさん

おでかけどき

行事に合わせて訪問すれば普段と異なる町並みも楽しめる

観光、町歩きは通年で楽しめる。鞆・町並ひな祭(2月中旬〜3月下旬)、観光鯛網(5月)などの時期に合わせて行くのもおすすめ。春は医王寺の桜も素晴らしい。

阿伏兎観音
あぶとかんのん

阿伏兎岬の先端にたたずむ寺院。毛利輝元が創建した朱色の観音堂は、瀬戸内クルージングに乗船すれば海から眺めることができる。

散策info **鞆の浦観光情報センター** ☎084-982-3200
所 広島県福山市鞆町416-1

お泊まり情報 鞆の浦には、対岸に浮かぶ仙酔島を含め、眺望のよい高級ホテルが点在している。

20
愛媛県
宇和島市

◆ゆすみずがうら

遊子水荷浦

宇和海を望む急斜面にジャガイモ畑が連なる"天に上る段畑"

整然と空へ連なる階段状の畑には半漁半農の暮らしが生きている

宇和島中心部から南西方面、海に山が突き出たような南予独特の地形をなす、三浦半島の遊子水荷浦。20軒ほどの集落がジャガイモ農業を営み、海から山へ約5haの段畑(だんばた)(段々畑)が連なる光景が広がる。

イワシ漁など漁業を行ってきた人々が、江戸時代頃から山の斜面を開墾。サツマイモや麦などを育て、半漁半農の生活を行ってきた。昭和30年頃までは山々へも段畑が作られたが、ハマチや真珠の養殖が成長し始めると、高齢化も相まって徐々に減少。しかし近年この独特の美しい景観が話題となり、地元住民を中心とした保存会も発足。2007年には四国で初めて重要文化的景観に選定された。

行き方

●宇和島駅から宇和島バス三浦半島線蒋渕行きで約1時間、水ヶ浦下車、遊子水荷浦まで徒歩すぐ
●宇和島南ICから遊子水荷浦まで車で約30分
宇和島駅まではまず松山駅へ。岡山駅から特急しおかぜを利用するか、松山空港からバスで約15分。松山駅からは特急宇和海で約1時間20分。九州方面からは電車だと遠回りになるので、車がおすすめ。大分県の佐賀関港から愛媛県伊方町の三崎港までフェリーで約1時間10分、そこから遊子水荷浦までは車で約2時間。

約80mの山頂からは段畑と宇和海、湾の向こうに鬼ヶ城連峰が広がる

海岸線に沈む美しい夕日も楽しめる

ここが自慢です！

段畑の下には食事処・だんだん茶屋があります。地元の食材にこだわった料理を提供しており、特に遊子の鯛を使った宇和島鯛めしが人気です。隣には特産品販売所・だんだん屋もあります。ぜひ、お立ち寄りください。
だんだん茶屋のみなさん

宇和海に浮かぶ養殖いかだ
うわかいにうかぶようしょくいかだ

入り江を利用した養殖が現在も盛んで、真珠やハマチ、真鯛の養殖は全国有数の漁獲量。リアス海岸の複雑な地形と、エサとなる栄養分が土壌や黒潮から入ることが魚の棲み家に適している要因。宇和海沿いは穏やかな海面に養殖いかだが浮かぶ、どこかノスタルジックな風景が広がる。

魚見の丘展望台
うおみのおかてんぼうだい

小高い丘に立つ展望台。養殖により犠牲になった魚介藻類を供養する塔が立つ。春分と秋分には、2本の尖塔の間から太陽が昇る。

おでかけどき

収穫時期は4月中旬ごろ 緑が海に映えて美しい

早掘りジャガイモの収穫時期は毎年4月中旬。その頃が最も緑が彩り、段畑の美しさが際立つ。収穫を祝うだんだん祭りも開催され、賑わう。

こぼれ話

ジャガイモの焼酎「段酎」

形が悪く廃棄していたジャガイモを活用するために誕生。糖度が高い遊子水荷浦のジャガイモは、焼酎にしてもすっきり飲みやすいと評判。生産量が少なく貴重な品だ。

特産品販売所・だんだん屋でのみ販売している

散策info
NPO法人 段畑を守ろう会
☎0895-62-0091 所 愛媛県宇和島市遊子水荷浦2323-3 ※土・日曜、祝日のみ

お泊まり情報 海沿いには地元の海鮮が味わえる民宿が点在。交通の起点となる宇和島駅周辺は、ホテルが多数ある。

里に残る伝統や文化

のどかな海がロマンティックな黄昏に染まる

穏やかな有明海干潟の風景

今から約8000年前、大陸から離れ生まれた有明海。波と風による幻想的な絶景や、栄養を蓄えた海の恵み、個性的な生き物など、喧騒を忘れさせる空間に息をのむ。

有明海

有明海に夕日が沈み、目の前に茜色の空と海が広がる。干潟ののりひびが逆光でシルエットになり薄黒く浮かぶ姿は、有明海独特の光景

21 熊本県宇土市ほか 有明海

◆ありあけかい

個性的な生物が住む巨大干潟

佐賀、福岡、長崎、熊本の4県に囲まれる有明海。日本一の干満差を誇り、河川から流入する土砂が日本最大の干潟を形成する。

干潟には、ムツゴロウなど有明海独特の生物や貴重な水鳥が生息するなど、荒尾干潟をはじめ、東よか干潟、肥前鹿島干潟はラムサール条約湿地に登録された。水田開発などのため干潟の干拓が古くから行われ、特産の有明海苔の養殖や魚漁が営まれるなど、有明海は沿岸住民の暮らしに深く結びついている。海へ続く海床路や海中鳥居、干潟に沈む夕日の美しい風景が観光客を楽しませている。

海に電柱が並ぶ幻想風景

22 長部田海床路

◆ながべたかいしょうろ

熊本県宇土市にある、潮が引いたときにだけ現れる漁業者用の道路。満潮時は海上に電柱が連なる幻想的ながらも不思議な光景が見られる。

☎0964-22-1111(宇土市経済部商工観光課)　所 熊本県宇土市住吉町長部田

輝く夕日が美しい干潟

23 荒尾干潟

◆あらおひがた

有明海中央の東側に位置する干潟。多くの生物が生息し、水鳥の飛来地としてラムサール条約に登録された。干潟から眺める夕日は格別。

☎0968-57-7444(荒尾干潟水鳥・湿地センター)　所 熊本県荒尾市蔵満20-1

↓シオマネキは干潟に住むカニ。オスの片方のハサミの部分が大きく成長することで知られる

↑冬鳥として主に西日本の海岸や干潟に飛来するズグロカモメ

曲線の並ぶ海岸風景

24 御輿来海岸

◆おこしきかいがん

宇土半島中部にある海岸。干潮時には、海岸線に波と風に描かれる曲線が現れる。昼間は日光に照らされ銀色に、夕方はオレンジ色に輝く。

☎0964-22-1111（宇土市経済部商工観光課）　所 熊本県宇土市下網田町

3基の赤い海中鳥居

25 大魚神社

◆おおうおじんじゃ

佐賀県太良町の海辺に立つ、海の安全と豊漁祈願の神社。沖ノ島に向かって3基の海中鳥居が並ぶ。鳥居は30年ごとに建て替える習わしがある。

☎0954-67-0065（太良町観光協会）　所 佐賀県太良町多良1874-9先

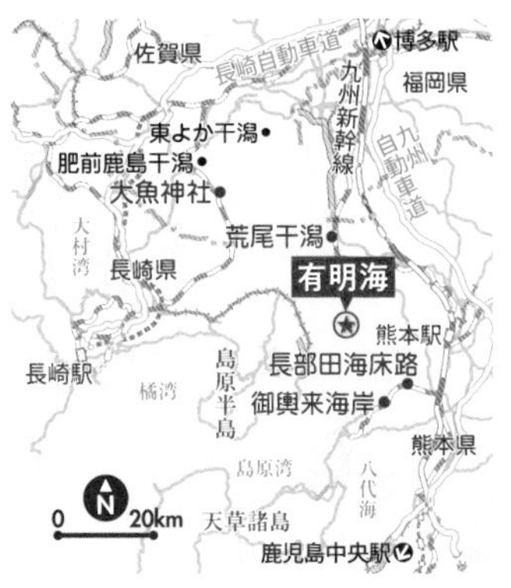

有明海の珍しい生物たち

有明海特産種

国内で有明海と八代海のみに生息する有明特産種は約23種。貴重な生態系を見ることができる。

ムツゴロウ

体長15～20cmのハゼ科の魚。胸びれを動かし頭を左右に振って干潟の上を這いまわる。

ハゼグチ

体長50cm前後の日本最大のハゼ。春になると泥底にトンネル状の巣穴を掘って産卵する。

エツ

カタクチイワシ科で体長30cmを越える。湾奥一帯に生息し、産卵期に筑後川などに遡上する。

ワラスボ

体長約40cmのハゼ科の魚。表面がぬるぬるとし、小さな目と大きな口を持つのが特徴。

ヤマノカミ

降河（こうが）回遊生活をする中型カジカの一種。九州の有明海奥部とその流入河川に限られ、環境省絶滅危惧IB類に指定。

茅葺き屋根、ぬくもりの里

26
岩手県
遠野市

◆とおの
遠野

時代を超えて受け継がれる日本の懐かしいふるさ

↑雪化粧した荒神神社。岩手県内でも山間部に近く冬は雪が降り積もる

荒神神社の茅葺き屋根は遠野の代表的風景。周囲を田畑に囲まれ、遠くに早池峰山を望む

坂の下バス停
さかのしたバスてい
県道160号沿いにある岩手交通バス附馬牛線のバス停。茅葺き屋根の待合所があり、周辺には東禅寺川が流れる。

日本が誇る牧歌的風景に包まれる 民話の里風情を後世に受け継ぐ

山々と田園の懐かしい風景の広がる遠野市は、多くの昔話が伝わる民話の里として知られる。茅葺き屋根が素朴な荒神神社は、遠野の代表的な景勝地として名高い神社で、権現様と呼ばれる獅子頭をご神体として祀る。権現様は東北地方に伝わる地域の守り神で、獅子頭を手に権現舞(獅子舞)を奉納する神社が東北各地に点在している。

社の周辺は一面が水田で、春には水田に映る社殿、夏の青田や秋の黄金色の稲穂、雪景色と一年中美しい光景をつくりだす。市民にとって次世代へ残したい「たからもの」として、遠野遺産に認定されている。

おでかけどき

水田が潤う夏の時期に町巡りを楽しみたい

荒神神社の景色はどの季節も良さがあるが、なかでも青田が広がる夏がおすすめ。7月下旬〜8月下旬まで上郷町のヒマワリが見頃を迎えるので、時期を合わせて町を巡りたい。遠野駅にはSL銀河(写真)が停車するので、利用するのも◎(運行日程は年により異なる)。

ここが自慢です!

遠野の懐かしい原風景を感じられる荒神神社はもちろん、町にはのどかな自然や見どころが凝縮されています。ぜひ訪れてほしい遠野ふるさと村は、遠野の魅力を伝承する観光名所。地元の「まぶりっと」と会話をしながら、伝統を感じられる体験をしにきてください。
遠野市公式キャラクター
くるりんちゃん(左) カリンちゃん(右)

行き方

●花巻駅からJR釜石線普通で約1時間2分、遠野駅下車
●遠野駅からJR釜石線普通で約5分、青笹駅下車、荒神神社まで徒歩約22分。または遠野駅から荒神神社まで車で約10分
●遠野ICから荒神神社まで車で約15分

花巻駅など主要都市からは車移動が便利。遠野ICを起点に遠野市内の名所をまわれる。花巻空港からは釜石自動車道を経由して荒神神社まで車で約50分。盛岡駅が始発のJR釜石線快速はまゆりは約1時間35分で遠野駅までを結ぶ。

遠野ふるさと村
とおのふるさとむら

遠野の文化と伝統を守る「まぶりっと(守り人)」とともに農作業体験やそば打ちなどができる体験施設。村内には茅葺き屋根の水車小屋など懐かしい景色に出会える。

カッパ淵
カッパぶち

カッパが棲む伝説が残る、常堅寺裏を流れる小川。淵はうっそうとした茂みに覆われ、乳神を祀る祠がある。

こぼれ話 遠野名物のジンギスカン

町に店を構える「ジンギスカンのあんべ」の初代店主・安部梅吉氏が、従軍中に食べた羊肉の味を持ち帰ったことがきっかけで広まったジンギスカン。かつて遠野では綿羊飼育がされており、戦後に店頭で提供されると爆発的な人気となった。

野外で食べるジンギスカンは「ジンギスカンバケツ」で調理するのも遠野オリジナル

荒川高原
あらかわこうげん

早池峰山の南に広がる高原。アジサイやシャクナゲの群集が咲き、放牧地としても利用されている。周辺には荒川渓谷があり、トレッキングもできる。12月～5月上旬は車両通行止め。

続石
つづきいし

鳥居状の巨石の創造物。『遠野物語』第91話に出てくる奇石で、古代人の墓や、武蔵坊弁慶が乗せて作ったなど諸説伝わる。

散策info

遠野市観光協会
0198-62-1333
所 岩手県遠野市新穀町5-8

お泊まり情報　遠野駅周辺にはホテルや地元に根ざした旅館や民宿のほか、ユースホステル、農家民宿などの多様な宿泊施設が選べる。

27
新潟県
柏崎市

◆おきのしまかんしょうしゅうらく

荻ノ島環状集落

円形に配置された茅葺き家屋の集落は田を守るレイアウト

輪を描くように立ち並ぶ家屋 1000年の風景がストレスを開放

新潟県中越地方の鯖石川(さばいしがわ)沿いに広がる段丘上に、マエダと名付けた中央の田んぼを囲み、茅葺き屋根の民家が建つ。環状集落にすることで、外敵から田んぼを守る、エガワと呼ばれる水路を使って効率的に各家へ水を分ける、日照量や時間を平等にするといった利点がある。多くの家屋は正面に突出部分を設けた中門造りの2階建て。少しせり出した2階部分は、雪が降ったときには庇(ひさし)の役割を果たしていた。

集落のある高柳町(たかやなぎまち)では昭和末期から農村滞在の観光を図った地域おこし「じょんのび(新潟の方言でのんびり)の里づくり構想」を展開。荻ノ島や門出(かどいで)にある茅葺き屋根の農家民宿はその一環だ。

荻ノ島かやぶきの宿
おぎのしまかやぶきのやど

中央の田んぼに面して建つ、荻の家(右)と島の家(左)、2つの一棟貸しの宿からなり、時間貸しでの利用も可能だ。

徒歩20分ほどで集落を一周できる。環状集落は縄文時代によく見られた形態で、荻ノ島からも当時の生活用具が発見されている

写真提供:柏崎観光協会

門出かやぶきの里

かどいでかやぶきのさと

古民家を修復して造った「おやけ(本家)」と、民家を移築してきて整備した「いいもち(分家)」の2棟からなる、茅葺き家屋の一棟貸し農家民宿。農家のお母さんたちが作る料理や、紙漉き体験などを通じて、地元住民との交流ができる。

ここが自慢です!

高柳町には温泉施設、酒蔵、庭園、子ども向け体験施設、スキー場など小さな町ながら観光できる魅力がたくさん詰まっております。おすすめの旅行シーズンは、新緑が眩しい夏と稲穂が黄金色に輝く秋。ぜひ一度お越しください!

柏崎観光協会　五十嵐 裕菜さん

おでかけどき

高柳町で行われるイベントにも立ち寄りたい

高柳町では地域活性化を狙って、住民が企画運営する高柳町三大イベントがある。10月の狐の夜祭りは、栃ヶ原地区に伝わる民話をもとにしたもの。11月には自慢の食や文化が集まる高柳町産業文化まつり、2月には雪上で遊んで盛り上がる雪まつり「YOU・悠・遊」が行われる。

行き方

●越後湯沢駅からJR上越線・北越急行ほくほく線(一部六日町駅で乗り換え)で約50分、まつだい駅下車、荻ノ島環状集落まで車で約15分

●六日町ICから荻ノ島環状集落まで車で約50分

集落から最も近いターミナル駅は十日町駅。駅からは車で30分ほどだ。路線バスは高柳町の岡野地区と柏崎駅を約55分で結ぶ便が出ている。西側からアクセスする場合は、直江津駅や北陸新幹線の停車駅・上越妙高駅から車で約1時間15分。門出地区や貞観園までは荻ノ島環状集落から車で10分弱。

散策info　柏崎観光協会　☎0257-22-3163
所 新潟県柏崎市駅前1-1-30

大開の棚田

おおびらきのたなだ

門出地区の棚田。ひし形の区画にすることで、農道の傾斜がゆるくなる。耕作放棄地の危機もあったが、地元有志で協力しあい、稲作を続け、景観を維持している。

貞観園

ていかんえん

江戸時代中期に造成された池泉式庭園。霜害がない土地にあることから、庭園には100種類以上の苔が見られる。貞観園のある岡野地区は高柳町の中心部。

お泊まり情報　荻ノ島から北に車で5分ほど進んだところにある高尾地区の「じょんのび村」には貸別荘やホテルが建ち、温泉も利用できる。

28 福島県 南会津町

◆まえさわまがりやしゅうらく

前沢曲家集落

牛馬と暮らす曲家が立ち並ぶ豪雪地帯の小さな集落

農耕中心の生活から生まれた人と馬の絆を感じる曲家の暮らし

南会津町の前沢地区は茅葺き屋根の曲家が立ち並ぶ景色が印象的。明治40年(1907)にほとんどの建物が焼失する大火に遭い、その後同一の大工集団によって再建されたため統一感のある景観が生まれた。

曲家は玄関を入ってすぐに牛や馬が暮らすスペース、奥に人が生活する場所を設けたためL字に曲がる珍しい建物。積雪量が1mを超える時期に外に出ることなく、牛や馬の様子を確認できるよう同じ家で暮らしていた。農耕や運搬など生活に欠かせなかった牛や馬は、家族と同じように大切にされた。農耕の機械化が進んでからは馬や牛と暮らすことはなくなったが、現在も曲家で生活を続けている。

行き方

●会津若松駅から会津鉄道で約1時間30分、会津高原尾瀬口駅下車、会津高原尾瀬口駅から会津バス檜枝岐方面行きでで約49分、前沢向下車、前沢曲家集落まで徒歩約5分
●西那須野塩原ICから前沢曲家集落まで車で約1時間30分

尾瀬にも立ち寄るなら車で移動するのが良い。車で行く場合は、入口案内所の駐車場を利用しよう。栃木方面からは栃木駅で東武特急(東京の浅草駅始発)に乗ると1時間45分、乗り換えなしで会津高原尾瀬口駅まで行ける。

紅葉と新そばが楽しめる秋に訪れるのがおすすめ！

10月上旬～下旬が紅葉の見頃。また紅葉の時季には、そば処曲家で新そばを楽しむこともできる。春には大山桜がピンクに染まり、秋には紅葉、冬には雪景色と四季ごとに訪れても違う景色を楽しめる。冬季は閉鎖している施設もあるので注意。

ここが自慢です！

国の重要伝統的建造物群保存地区に選定。農耕馬と一緒に生活する中門造り（曲家）が集落の家屋の多くを占め、茅葺き屋根の美しい景観が広がります。現在も人々が暮らし、日本の原風景を今に残しています。
河原田さん

前沢ふるさと公園
まえざわふるさとこうえん

水車小屋と水車の水で穀物をつく「バッタリ」が見られ、6月上旬から中旬には花菖蒲やアヤメが楽しめる。

尾瀬国立公園田代山
おぜこくりつこうえんたしろやま

南会津町の南端にある標高1971mの山。ワタスゲ、チングルマ、ニッコウキスゲなど約400種類の高山植物が咲く。台形状の山頂湿原が印象的。

前沢曲家資料館
まえざわまがりやしりょうかん

集落のなかでここだけ内部見学可。実際に曲家に入って暮らしの知恵を学ぶことができ、ガイド案内（要予約）もある。

舘岩観光センター ☎0241-64-5611
所 福島県南会津町松戸原55

お泊まり情報　前沢曲家集落近くの、湯ノ花地区やたかつえ地区の旅館やペンションに宿泊するのがおすすめ。

29
鳥取県
智頭町

いたいばらしゅうらく
板井原集落

トンネルの先に待つのは箱庭のように小さな山村

向山(むこうやま)神社近くから川を挟んで茅葺き屋根をもつ藤原家住宅を望む。板井原集落では、車道がない時代、六尺道という幅2mほどの小道が主要の道だった。集落の内部に入ると、いたるところで見られる

石谷家住宅
いしたにけじゅうたく

江戸時代から続く商家・石谷家の邸宅。智頭宿最大の建物で、約3000坪の敷地に40ほどの部屋や7棟の蔵、日本庭園が点在。大正～昭和初期に大改装し、町家から屋敷の様式に変わった歴史がある。

西河克己映画記念館
にしかわかつみえいがきねんかん

智頭町出身の映画監督・西河克己氏の記念館。石谷家住宅近くに建つ洋館は、当初旧塩屋出店で、昭和初期の建築。戦後は教会となり、子どもたちの日曜学校に活用された。

篭山
かごやま

智頭町の北西部にそびえ、標高は約900m。かつて、山の真北に位置する賀露港の漁師たちが、この山を寄港の目印にした。

芦津渓谷
あしづけいこく

ブナやミズナラの原生林に覆われた智頭町東部の渓谷。滝や急流、断崖など変化に富む自然に包まれて、森林セラピー体験ができる。

写真提供:智頭町観光協会

平安時代に生まれた鳥取の隠れ里
素朴な山村の生活風景で村おこしへ

鳥取県東南部に位置し、中国山地に囲まれた智頭町は、古くから交通の要衝で、幕府の役人が泊まる本陣が置かれるなど江戸時代は宿場町として栄えた。

町の中心部から北東へ3kmほど林道を上ると板井原集落がある。平家の落人伝説の地で、明治以降は炭焼きや養蚕、農業で暮らしが営まれた。昭和42年(1967)に集落と町を結ぶトンネルが開通するとほとんどの住民が町へ生活の場を移し、集落の風景は時を止めた。茅葺きや瓦葺きの古民家、水車小屋、炭焼き小屋など、江戸時代から昭和前期までの建物が今もたたずむなか、集落の保存再生活動が進められており、古民家を利用したカフェも誕生している。

藤原家住宅
ふじわらけじゅうたく

集落の中央部にある茅葺き民家。明治32年(1899)に建てられた主屋をはじめ、本蔵、味噌蔵、養蚕場、倉庫が建つ。背後は赤波川に面しており、川に直接下りられる石段も備える。

ここが自慢です!

林業の町・智頭の自慢はなんといっても豊かな森。杉・檜だけでなく山奥はブナ・トチ・カエデの巨木が育つ原生林です。豊かな森では、季節の食材や森のアクティビティも楽しめます。ぜひ一度遊びに来てください!
智頭町マスコットキャラクター
杉太(左)と紅子(右)

おでかけどき

伝統の神事が奉納され
錦繡の山々に包まれる秋に注目

板井原集落にある向山神社(写真)の境内や周辺の山々が紅葉する10月下旬〜11月中旬頃が最も鮮やかな季節だ。10月の智頭町の玉井(むしい)神社例祭では、太陽を見立てて作られた花籠が奉納される。石谷家住宅庭園の秋の特別公開(有料)は11月中旬と下旬で、春にも開催。

行き方

●鳥取駅からJR因美線特急スーパーはくとなどで約30分、智頭駅下車
●新大阪駅から智頭急行特急スーパーはくとで約2時間10分、智頭駅下車
●岡山駅から智頭急行特急スーパーいなばで約1時間20分、智頭駅下車

智頭駅から智頭宿までは徒歩10分、板井原集落までは車で10分ほどだ。特急スーパーはくとは倉吉駅と京都駅を、特急スーパーいなばは岡山駅と鳥取駅を結ぶ。車の場合、大阪からは中国自動車道経由で約2時間30分、岡山からは国道53号経由で約2時間かかる。板井原集落は集落入口にある駐車場を利用する。

散策info
智頭町観光協会 ☎0858-76-1111
所 鳥取県智頭町智頭2067-1(JR智頭駅前)

お泊まり情報 智頭駅周辺、市街地に数軒の旅館や古民家ゲストハウス、郊外には一棟貸し宿や旧小学校校舎を利用した自炊型宿泊施設がある。

30
岐阜県
白川村
◆しらかわごう
白川郷

展望台からは合掌造りが同じ向きに建てられている様子が見られる

写真提供:岐阜県白川村役場

白川郷田植えまつり

しらかわごうたうえまつり

白川郷の早乙女姿の女性が田植え唄に合わせ、横に一列に並んで手植えをする風景が見られる。例年5月下旬に開催。

山と谷に囲まれ隔絶された地形が人と人とのつながりを強くする

合掌造りの建築様式と集落として現存していることが評価され、世界遺産に登録された白川郷の荻町地区。冬に強い季節風が吹く豪雪地帯で、急傾斜の山間部に位置。養蚕などの家内制手工業が主流だった。

合掌造り家屋は雪が自然と落下するように大きく傾斜した切妻屋根が特徴。釘などを一切使わず縄で固定し、家屋の妻側を南北に向け、風や雪に耐える工夫も施した。大家族制をとり、養蚕は人手がいるため合掌造り家屋が広く大きいのも印象的。

孤立した環境でも困難を越えてきた「結」という相互扶助関係を大切に現在も生活を続けることで集落を残している。

明善寺

みょうぜんじ

茅葺き屋根の鐘楼が印象的な古寺。20年の歳月をかけ、9000人以上の人々が協力して建築された。

写真提供:岐阜県白川村役場

ここが自慢です!

白川郷合掌造り集落から車で15分ほどのエリアにある平瀬温泉郷。霊峰白山の麓を源泉とする温泉は、美肌効果が高く、「子宝の湯」とも呼ばれています。えらい気持ちいい温泉やわ〜! 待っとるぞ〜!
白川郷観光協会
西岡さん 坂次さん

写真提供:岐阜県白川村役場

こぼれ話 「結(ゆい)」の絆で支える村

山あいの豪雪地帯に暮らす白川郷の人々は、厳しい自然環境で生きるため、住民が互いに助け合うことで暮らしを維持してきた。家々で多くの人手が必要な作業を無償で協力する制度を「結」という。共同作業のなかで一番多くの人手が必要な作業は30〜40年に一度の茅葺き屋根の葺き替え。現在も村をあげて葺き替え作業を行う。「結」の結束があったからこそ現代まで合掌造りを維持できている。

➡近年では屋根の葺き替え作業に村外のボランティアも参加する
写真提供:岐阜県白川村役場

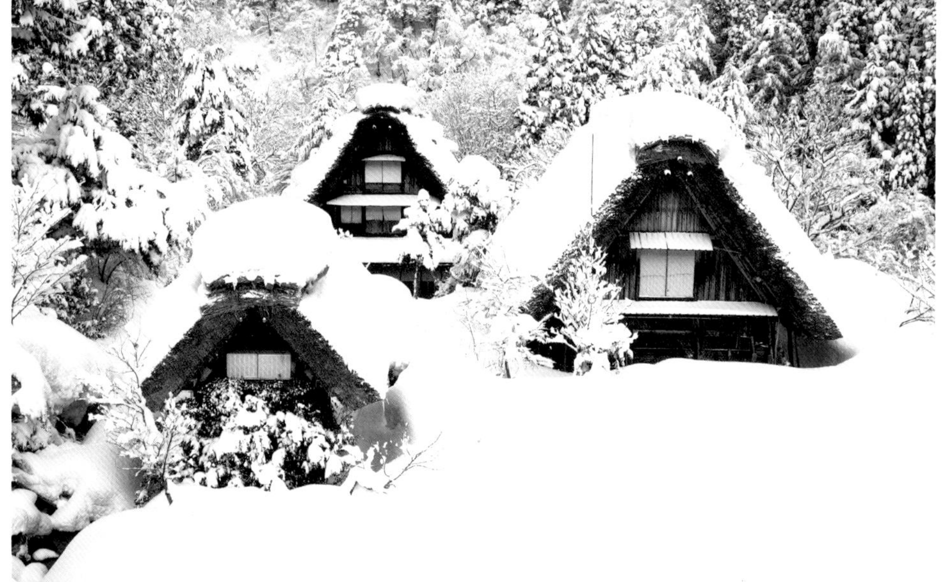

下ごそ
したごそ

白川郷バスターミナルから車で展望台へ向かう道にあり、小さい集落だが、立派な茅葺き屋根を間近で見られる。合掌造り家屋を利用した食事処もある。

和田家
わだけ

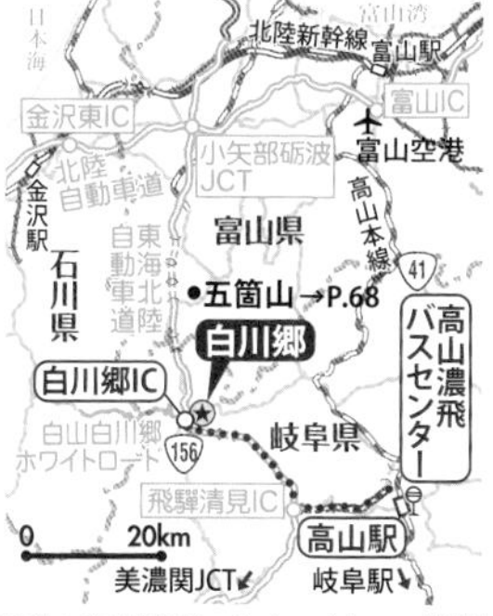

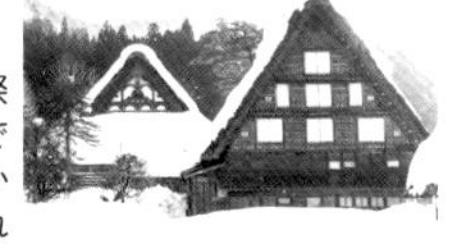

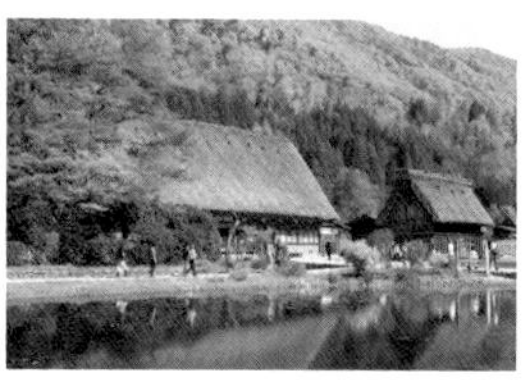

白川郷最大規模の建物。合掌造り家屋の仕組みがわかる屋根裏部屋も公開。さまざまな役割をする囲炉裏も見どころ。

行き方

●高山濃飛バスセンターから濃飛バス、北鉄バスなどで白川郷バスターミナルまで約50分

●白川郷ICからせせらぎ公園駐車場まで車で約10分

高山駅からのアクセスは駅そばの高山濃飛バスセンターから1時間に1本程度運行している白川郷方面行きのバスに乗る。富山駅や金沢駅に向かう便もある。荻町地区では、環境保護と通行者の安全確保のためマイカーの規制を設けている。9～17時1日1000円で利用できるせせらぎ公園駐車場を利用して散策に向かおう。混雑時には臨時駐車場も開設。

おでかけどき

四季折々の風情があり雪が積もる冬が一番人気

春には田植え祭、秋にはどぶろく祭など年間行事が多い白川郷。HPで行事を確認してから訪れたい。なかでも人気なのは雪にすっぽりと包まれた白川郷が見られる1月から3月上旬頃。屋根の雪を落とす作業が見られたり、合掌造りに灯がともる夜には、幻想的な景色を楽しめる。

散策info

白川郷観光協会　☎05769-6-1013

所 岐阜県白川村荻町1086（白川郷バスターミナル内）

お泊まり情報　地元の人とふれあうことができる合掌造りの宿に泊まるのがおすすめ。宿によっては女将さんの手作りの食事がいただけることも。

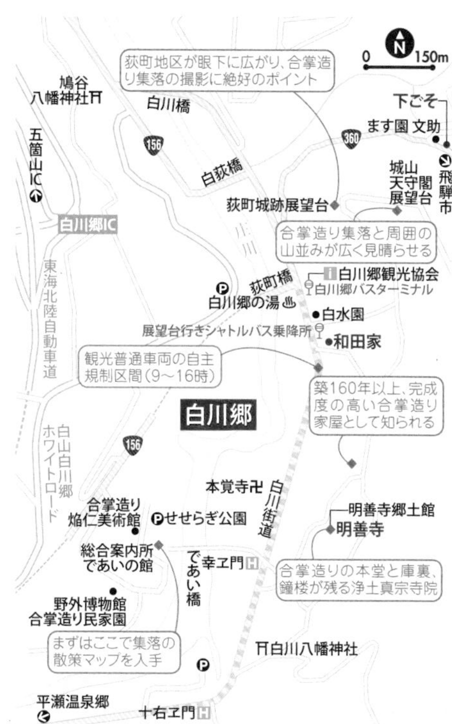

31
富山県
南砺市

こかやま
五箇山

昔日の生活風景の跡を残し、雅な古民謡は脈々と踊り継がれる

先人の思いが詰まった家屋や唄は閉ざされた環境での暮らしを伝える

富山県の南西端、庄川沿いの40の小さい集落を五箇山と呼び、菅沼と相倉の合掌造り集落は、白川郷(P.64)とともに世界遺産に登録されている。

江戸時代には養蚕・和紙・火薬原料の塩硝が主産業で、茅葺き屋根の合掌造り家屋では、広い屋根裏で養蚕業、高く造られた床下での塩硝作りなどが営まれた。白川郷の合掌造り家屋と異なるのは、妻面の入口に土間があり、床下が高い家が多い点だ。

家屋に限らず、田楽から派生したといわれる『こきりこ』といった民謡や、赤尾集落に生まれた道宗(どうしゅう)が広めた浄土真宗など、多彩な芸能文化も、急峻な山々に囲まれた豪雪地帯で暮らす住民を支えたといえる。

相倉合掌造り集落
あいのくら
がっしょうづくりしゅうらく

庄川から少し離れた標高約400mの丘状の地形に20戸の合掌家屋が集まる五箇山の世界遺産集落。江戸末期～明治末期の建物が多く残るほか、石垣を築いて整備した昔からの耕作地も見られる。

ここが自慢です！

民謡の宝庫である五箇山では、30もの民謡民舞が伝承されています。その民謡を目の前でお楽しみいただける貴重な機会が、秋の例祭「五箇山麦屋まつり」「こきりこ祭り」です。昼は神社へ奉納する様子を特別に披露いたします。夜は野外ステージにて、秋の夜風を感じながら五箇山のさまざまな民謡をご堪能いただけます。
五箇山総合案内所　岩﨑 有希子さん

大きく蛇行した庄川に北、東、西の三方を囲まれたわずかな平地に9戸の家屋が建つ菅沼合掌造り集落。集落の南東部に民家が集まり、北西部には庄川から水を引いて造成した水田が広がる

岩瀬家
いわせけ

赤尾集落に建つ5階建ての合掌造り家屋。買い取った塩硝を精製し、藩に納入する上煮役により建てられた。明治時代には35人が一緒に暮らしたといわれる。

加賀藩の庇護を受けた歴史

↑600年の歴史を持つ五箇山和紙。多様な雑貨にも使われている

加賀藩の領地として、火薬の原料となる塩硝や、藩札に用いる和紙など、藩の機密の生産地であった五箇山。塩硝は明治に入って廃れたが、五箇山和紙は今でも国の伝統工芸として受け継がれている。

上梨集落・こきりこ祭り
かみなししゅうらく・こきりこまつり

日本最古の民謡『こきりこ』を伝承する集落。室町時代に創建された村の鎮守・白山宮の祭礼で、唄と踊りが奉納されてきた。こきりこは燻された20cmほどの2本のすす竹からなる楽器。

下梨集落・五箇山麦屋まつり
しもなししゅうらく・ごかやまむぎやまつり

平家の落人が麦を刈るときに歌ったという七七七五調の唄を歌い、紋付袴に白タスキ姿の武士が舞う『麦屋節』が伝わる。祭りでは、神社で麦屋節の奉納が見られる。

行き方

●新高岡駅から加越能バス(世界遺産バス)白川郷行きで約1時間3分、相倉口下車、相倉合掌造り集落まで徒歩約5分
●白川郷バスターミナルから加越能バス(世界遺産バス)高岡駅前行きで約30分、菅沼下車、菅沼合掌造り集落まで徒歩約1分

世界遺産バスは下梨、観光案内所のある上梨にも停車し、各地域間の所要時間は5分前後。JR城端線の終着駅・城端駅からも便が出ている。五箇山地域内では停車するバス停が限られているが、金沢駅、名古屋駅からもバスでアクセスできる。車の場合は、菅沼合掌造り集落が五箇山ICから約1分と最も近い。菅沼、相倉では有料駐車場を用意している。岩瀬家は五箇山ICから約2km。

おでかけどき

伝統の祭りは秋に開催
集落のライトアップにも注目

こきりこ祭りは毎年9月25・26日、五箇山麦屋まつりは地主神社境内で毎年9月23日に開催。菅沼と相倉の合掌造り集落で見られる年に数回のライトアップ(写真)も見逃せない。

散策info　**五箇山総合案内所**　☎0763-66-2468
所 富山県南砺市上梨754

お泊まり情報　菅沼合掌造り集落近くに合掌造りのコテージ、相倉合掌造り集落には6軒の合掌造りの宿がある。周辺地域には民宿や温泉旅館も。

ここにもほっこり風景

季節の風物詩・歳時記

地域の行事や祭りは、日本の四季を思い出させてくれる素敵な時間。人々の日常に溶け込む、オリジナリティあふれる文化を肌で感じたい。

32 山口県 防府市 佐波川こいながし

◆さばがわこいながし

すがすがしい春の訪れを告げる
川を泳ぐ鮮やかなこいのぼり

↓透明度の高い川にカラフルなこいのぼりが泳ぐ

山口県下有数の河川・佐波川の広い川幅を生かし、水中で優雅に泳ぐ鯉のぼりの「こいながし」を見学できる。毎年5月3～5日にかけて開催され、約120匹のこいのぼりと澄みわたる佐波川、周辺に連なる山々の緑が相まった美しい風景が広がり、多くの見物客が訪れる。

散策info ☎090-2004-8194(佐波川こいながし実行委員会) 所 山口県防府市奈美中央橋付近(小野水辺の楽校) 交 中国自動車道・山口ICから車で25分

→絶景を見渡せる大平山はヒラドツツジなど約10万本が咲き誇る花の名所

33 香川県 小豆島町 小豆島の中山虫送り

◆しょうどしまのなかやまむしおくり

↓暗がりのなかで火手の光が長く続き、移動する風景は幻想的

半夏生に行われる
火手の光が揺らめく伝統行事

江戸時代から行われている、稲につく害虫を退治して豊作を願う行事。半夏生の頃に、小豆島霊場第44番札所湯船山蓮華寺から中山春日神社にかけて広がる棚田・中山千枚田の脇にある畦道を歩く。火手(ほて)と呼ばれる松明をかざし、稲につく虫を追い払い、豊作を願う思いが込められている。一時は行事が途絶えたが、映画のシーンに使われたことをきっかけに2011年より復活。人の営みのなかに息づく伝統行事として受け継がれている。

散策info ☎0879-82-7021(小豆島町商工観光課) 所 香川県小豆島町中山 交 池田港から車で10分／土庄港から車で30分

34 福井県 大野市

武家屋敷旧田村家の風車棚

◆ぶけやしききゅうたむらけのふうしゃだな

涼やかな風車棚にときめく 和情緒あふれる武家屋敷

⬇屋敷内には合計約2000個の風車が回り、写真映えすると話題に

大野藩の家老を務めた田村又左衛門家の屋敷を解体復元した建物で、福井県内でも数少ない武家住宅のひとつ。屋敷は文政10年(1827)に全焼し、現在の建物は農村部から農家を移築し、改築したもの。4月下旬～11月上旬には、期間限定で風車棚が設置され、色とりどりの風車がカタカタと回る風情漂うスポットとして注目を集める。

散策info ☎0779-65-6212 所 福井県大野市城町7-12 交 JR越前大野駅から徒歩20分 時 9:00～16:00(日曜、祝日は～17:00) 料 300円 休 12月27日～1月4日

⬆建物は市の指定文化財となっており閑静な雰囲気

35 秋田県 横手市

横手のかまくら

◆よこてのかまくら

⬇藩政の頃からかまくら作りは行われており、昭和29年(1954)には雪まつりとしてイベントが開催されるようになった

毎年2月15・16日に開催される水神様を祀る小正月行事。約450年の歴史があるといわれ、かまくら内部の正面に祀られた水神様にお賽銭をあげて、家内安全、商売繁盛、五穀豊穣などを祈願する。かまくらは、横手市役所本庁舎前のほか、横手公園、二葉町通り、羽黒町通りなどさまざまな場所で見られ、あまえこ(甘酒)や餅などを味わいながら過ごすことができる。夜が更けると灯りがともされ、雪景色に美しく照らされた幻想的なかまくらが浮かび上がる。

散策info ☎0182-33-7111(横手市観光協会) 所 秋田県横手市横手 横手市役所本庁舎前ほか 交 JR横手駅から徒歩10分

⬇昭和46年(1971)頃にはミニかまくら作りが始まり、美しいライトアップを見ることができる

36
鳥取県
大山町

大山の大献灯 和傘灯り

◆だいせんのだいけんとう わがさあかり

➘和情緒あふれる色合いと光の揺らめきが幻想的。和傘が飾られる区間は有料となるので注意

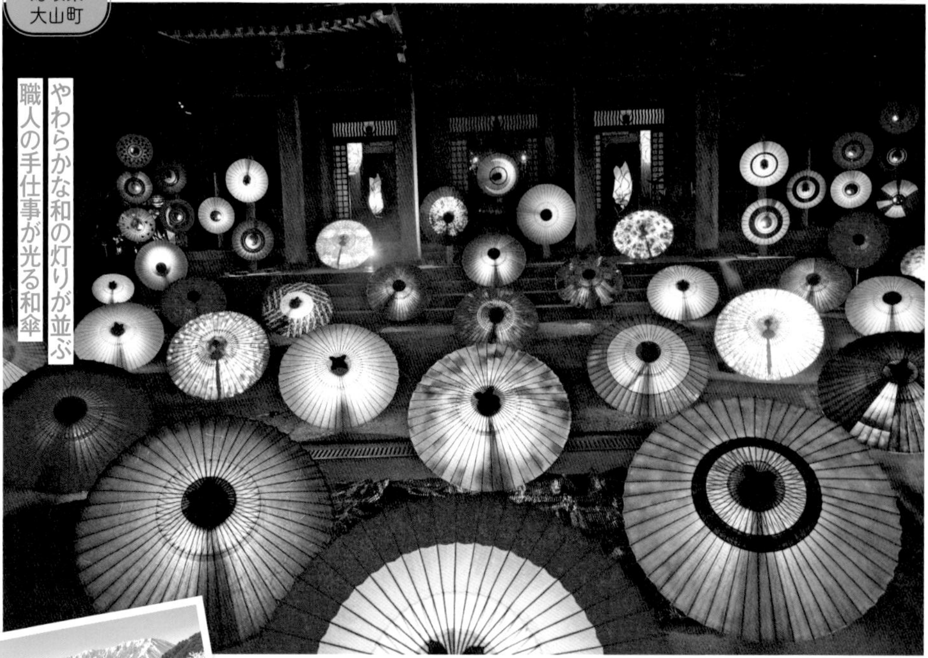

やわらかな和の灯りが並ぶ
職人の手仕事が光る和傘

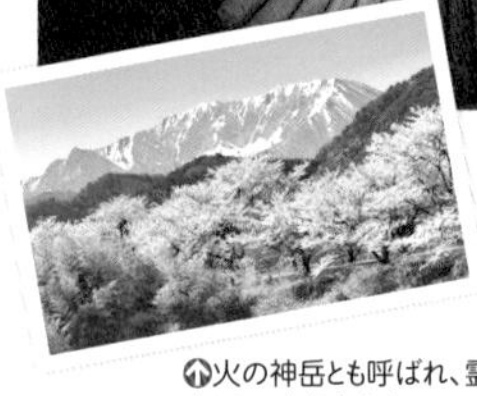

➚火の神岳とも呼ばれ、霊山として有名な大山

日本遺産に認定された大山周辺では、歴史ある神社仏閣が山麓に点在し、地蔵信仰が広がる。なかでも大神山神社奥宮参道から大山寺本堂前にかけて、山陰の風景をイメージして職人が手作業で仕上げた和傘がライトアップされる。和傘約120本が並び、雅な灯りが道のりを華やかに演出する。例年8月に開催される。

散策info ☎0859-52-2502（大山町観光案内所 受付8:30～17:00） 所 鳥取県大山町大山 大山寺参道ほか 交 米子自動車道・溝口ICから車で15分

37
長野県
上田市

別所温泉岳の幟

◆べっしょおんせんたけののぼり

➘一反の浴衣や布団などが巻かれている

色鮮やかな織物を巻き
夫神岳の神に感謝を伝える

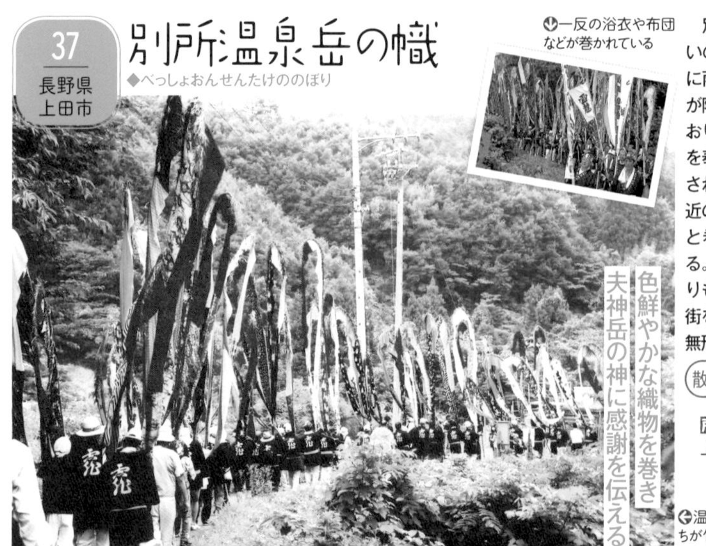

➙温泉街の100人以上の住民たちが竹竿でできた長さ約6mの幟（のぼり）を交替でかつぎ歩く

別所温泉地区に伝承される雨乞いの祭り。かつて夫神岳の山の神に雨乞いの祈願をしたところ、雨が降り作物が蘇ったと伝えられており、村民たちは各家で織った布を奉納、感謝したことが始まりとされる。祭日は、例年7月15日直近の日曜とされ、笹のついた竹竿と巻いた布を担いで夫神岳に登る。その後、三頭獅子とささら踊りも加わって、行列をつくり温泉街を一巡する。この行事は、国の無形文化財に選択されている。

散策info ☎0268-38-3510（別所温泉観光協会） 所 夫神岳～別所温泉街 交 上田電鉄別所温泉駅からすぐ

38
京都府
南丹市

美山かやぶきの里一斉放水

◆みやまかやぶきのさと いっせいほうすい

のどかなかやぶきの里が
水のカーテンに包まれる

美山町北のかやぶきの里では、懐かしい風景が広がる茅葺きの家屋に水のアーチが架かる珍しい光景が見られる。地域住民の火災予防講習と放水銃の一斉点検のために行われており、毎年春と秋の年2回実施。重要伝統的建造物群保存地区の集落にサイレンが鳴り響き、設置された62基の放水銃から水がまかれ、見物に訪れた観光客からは歓声が上がることも。

散策info ☎0771-68-0050(南丹市観光交流室) 所 京都府南丹市美山町北 交 JR日吉駅から南丹市営バスで1時間、北(かやぶきの里)下車すぐ

↓周辺にコスモスなど季節の花が咲く茅葺き屋根の家

↑茅葺き集落のあちこちで放水が始まり、撮影に訪れる観光客も多い

39
新潟県
津南町

つなん雪まつり

◆つなんゆきまつり

冬の津南町の活性化を目的に始まった雪まつりは、例年3月に開催され、数千個のスカイランタンが打ち上がる。雪本来の美しさを際立たせる巧みな演出を展開し、寒さのなかでも楽しさと感動を提供する。巨大かまくらや雪のすべり台、雪像なども見られる。国内最大規模を誇るスノーボードストレートジャンプ大会SNOWWAVEも同時開催されている。

散策info ☎025-765-5585(津南町観光協会) 所 新潟県津南町秋成12300 ニュー・グリーンピア津南会場ほか 交 関越自動車道・湯沢ICから車で1時間10分

↓花火とスカイランタンの共演が見られる

←日本有数の豪雪地帯の町では、降り積もる雪を生かした季節行事やイベントが数多く開催されている

↓かつて津南駅前で始まった小さなイベント。厳しい寒さのなかでも雪を満喫できる工夫がされている

雪景色のなかで浮かび上がる
温かみのあるスカイランタン

山中の水辺に深いくつろぎ

40
高知県
仁淀川町
ほか

◆によどがわ

仁淀川

↑浅尾沈下橋の上から。通行・見学時は転落の危険と地域住民への配慮を心がけたい

↑中央に見えるのは、全長121m、中流域の越知町に架かる浅尾(あそお)沈下橋。佐川駅から車で約15分

美しき青の世界に浸りたい渓谷から清流と暮らす集落を抜けて太平洋へ

四国最高峰、愛媛県の石鎚山から高知県中部の太平洋までを流れる全長124kmの川。愛媛県の久万高原町を過ぎると面河川から仁淀川に名称を変える。

高知県側の上流域にある仁淀川町には、仁淀ブルーが見られる支流も広がる。斜面上の集落で生産される茶や和紙などは、仁淀川を代表する逸品だ。

越知町に入ると中流域。目を引くのは生活道でもある沈下橋だ。増水時に、水の抵抗の軽減、流木による損壊防止のために欄干を設けていないのが特徴。

JR土讃線の線路と交差する位置から下流域。土佐藩奉行職・野中兼山が江戸時代に整備した堰の一部は、形を変えて今も平野一帯に川の水を供給している。

行き方

●高知駅からJR土讃線特急あしずりなどで約25分、佐川駅下車、黒岩観光バス狩山口行きなどに乗り換えて、越知駅まで約10分、大崎駅まで約30分、狩山口まで約40分
●高知駅からJR土讃線特急あしずりなどで約10分、伊野駅下車、とさでん交通バス長沢行きなどに乗り換えて、柳瀬営業所まで約25分、土居まで約50分

仁淀川上流域へは佐川駅からのバスを利用。大崎駅バス停周辺が町の中心部だ。沈下橋の風景が随所に見られる中流域へは伊野駅から。にこ淵や安居渓谷はバス停から距離があり、周辺地域からのタクシーの利用も難しい。高知駅からJR土讃線で約17分の朝倉駅からは下流域へ向かう路線バスがある。

仁淀ブルー

にょどブルー

仁淀川の知名度を一躍高めたキーワード。鮮やかなコバルトブルーの水色は、不純物の少ない澄んだ水や川底の石が関係するといわれる。支流にある仁淀川町の安居渓谷（写真）や、いの町のにこ淵などが人気。

ここが自慢です！

過去10年間で8回、水質日本一に選ばれた仁淀川は、自然とふれあうアクティビティ、キャンプ場、見どころのある沈下橋など楽しみがいっぱいです。
仁淀ブルー観光協議会のみなさん

久喜沈下橋

くきちんかばし

上流域に架かる橋。川幅が狭く、流れが激しい場所のため、アーチ型の橋桁を設け、耐久性を高めている。

旧川口橋

きゅうかわぐちばし

長手と小口を交互に積むフランス積みのレンガ造りが特徴。毎週土曜に橋上で市場が開かれる。

土佐茶

とさちゃ

上流域はV字谷の地形と川霧を生かしたお茶作りが盛ん。大板地区の茶畑は川に面した急斜面に広がる（写真）。池川地区では茶農家の女性たちがカフェを営み、土佐茶の魅力を発信。

写真提供:仁淀川町観光協会

寺村集落・花の里公園
てらむらしゅうらく・はなのさとこうえん

急斜面にある寺村集落では、九十九折の道の間に家屋が建つ。花の里公園は、休校になった小学校を人が集まる場所にしたいと、地元住民で整備してきた。春は花桃や桜が彩りを添える。

長者集落
ちょうじゃしゅうらく

支流・長者川沿いに位置。石組みで造成した平地に築かれた棚田や家屋が見られる。住民たちによるこいのぼりや七夕飾り(写真)の谷渡しは、季節の風物詩として定着した。

秋葉まつり
あきはまつり

火除けの神を祀る秋葉神社の例祭。メインは男たちの憧れでもある「鳥毛ひねり(写真)」。大名行列の威光を表し、鳥の毛を施した長さ7m、重さ8kgほどある棒(鳥毛)を2人1組で投げ合う。

こぼれ話 仁淀川沿いの土佐和紙作り

土佐和紙は高知県の手漉き和紙の総称。仁淀川町岩戸地区にある尾崎製紙所では、土佐和紙の一種、土佐清帳紙を生産している。清帳紙は書道や版画に使われる紙だが、土佐清帳紙は1000年はもつといわれるほど耐久性に優れ、書道家や海外の芸術家から高い評価を得ている。

↑原料の楮(こうぞ)を干している様子。和紙作りはほとんどが手作業だ

↑尾崎製紙所4代目の片岡あかりさん。家族も総出で作業に取り組む

おでかけどき
季節を変えて訪れて 仁淀川の一年をたどりたい

仁淀ブルーは一年を通して見られるが、大雨の翌日は濁りがある。3月下旬～4月上旬にかけては上流域で花桃や、一本桜のひょうたん桜と菜の花(写真)が見頃を迎える。秋葉まつりは毎年2月11日の早朝から開催。

散策info

仁淀ブルー観光協議会 ☎0889-20-9511
所 高知県佐川町乙2060-2(JR西佐川駅内)
仁淀川町観光協会 ☎0889-35-1333
所 高知県仁淀川町大崎460-1 ※水曜休

お泊まり情報 流域全体に民宿やホテル、キャンプ施設が点在する。中津渓谷には温泉宿が、安居渓谷にも一軒宿が建つ。

41
福島県
金山町

◆むげんきょうのわたし

霧幻峡の渡し

いつまでも変わらない情景に奥会津のありし日の日常

山水画を思わせる霧深い渓谷を静かに小舟が進む夏の日のひととき

かつて奥会津・金山町にあった三更集落では、渡し舟が日常的に使われ、人々の交通手段として活躍していた。昭和39年(1964)、大規模な土砂崩れにより廃村後、渡し舟の光景は絶たれてしまった。

2010年、三更集落出身の写真家・星賢孝氏が中心となり、観光用に渡し舟を復活。霧幻峡の由来となった、小舟が霧に包まれた夢のような世界をゆっくり進む風景を眺めることができる。

川霧は、尾瀬の雪解け水を源流とする低温の川と、大気の気温差により発生するため夏の朝夕に見られる。渡し舟は春から秋に予約制で運航。旧三更集落の散策とともに楽しめる。

アザキ大根の花畑

アザキだいこんのはなばたけ

標高約600mの丘陵地・太郎布(たらぶ)高原(こうげん)に自生する野生の大根。5月下旬頃になると淡い紫色のかわいらしい花を咲かせる。

おでかけどき

渡し舟は4～11月に運航
霧の渓谷は夏に

渡し舟が運航しているのは、例年4～11月。6～9月にかけての夏場の早朝と夕方に川霧が発生しやすい。美しい紅葉が渓谷を染める10月中旬～11月上旬もおすすめだ。舟は予約制。公式HPや電話で事前に予約を。

写真:奥会津郷土写真家 星賢孝

撮影するために、舟を貸し切りにする写真愛好家もいるという人気ぶり（写真:奥会津郷土写真家 星賢孝）

霧幻地蔵
むげんじぞう

昭和19年（1944）建立の霧幻峡のシンボル。べこ岩と親しまれる岩の上にある。

写真:奥会津郷土写真家 星賢孝

ここが自慢です!

夏の霧もいいですが、渓谷を彩る紅葉の時季もおすすめです。タイミングが合えば船上からJR只見線の撮影をすることもできますよ。

霧幻峡船頭　星 賢孝さん

行き方

●会津若松駅からJR只見線で約1時間35分、早戸駅下車、霧幻峡の渡し船着場まで徒歩約3分

早戸駅に発着するJR只見線は1日上り下り各6本。そのうち早朝の2本と昼に会津若松駅を出発する計3本が利用できる。車では、会津坂下ICから国道252号経由で約35分。

写真:奥会津郷土写真家 星賢孝

散策info

金山町観光物産協会（平日） ☎0241-42-7211
所 福島県金山町川口森ノ上473

金山町観光情報センター（土･日曜、祝日） ☎0241-54-2855
所 福島県金山町川口森ノ上508-1（会津川口駅構内）

お泊まり情報　霧幻峡周辺には早戸温泉があるが宿は多くないので、喜多方や会津若松を旅の拠点にするのがおすすめ。

42
長野県
安曇野市

◆あつみのたでかわ
安曇野蓼川

北アルプスからの清水が湧く涼やかな里の情趣

●松本駅からJR大糸線で約30分、穂高駅下車、安曇野蓼川まであずみ野周遊バスで約10分
●安曇野ICから安曇野蓼川まで車で約10分

蓼川にある水車までは穂高駅からあづみ野周遊バス東回り大王わさび農場線で約10分、大王わさび農場下車。1日6便。安曇野市内の移動はバスも利用できるが、レンタカーやレンタサイクルが便利。

おでかけどき

グリーンシーズンの5～8月に散策するのがベスト

北アルプスの残雪が残る5月は気候もよく歩きやすい時期。田植えシーズンでもあるので、水田に映る美しい絶景が楽しめる。また、紅葉が美しく、リンゴが旬の秋も人気。

散策info

安曇野市観光協会 ☎0263-82-3133
所 長野県安曇野市穂高5952-3

蓼川の水を引き入れるために設置された大王わさび農場の水車が回る

北アルプスを望む爽やかな田園
豊かな水が湧く原風景を求めて

安曇野は長野県のほぼ中央に位置し、3000m級の北アルプスを望むのどかな田園地帯。北アルプスからの雪解け水が伏流水となり湧き出した、清らかな湧水で作る米やわさびなどの栽培が盛んな農業大国でもある。市内には疎水百選にも選ばれている拾ケ堰をはじめとする水関所や水路が走り、安曇野ならではの美しい風景をつくっている。蓼川は世界最大のわさび田を持つ大王わさび農場の横を通る小さな川。湧水をたたえる蓼川に回る三連の水車は、映画『夢』に登場したことでも有名。また、安曇野には美術館などの人気観光スポットが点在しており、登山や観光を目的に毎年多くの観光客が訪れる。

ここが自慢です!

晴天の日が多い安曇野は、田園風景や雄大な北アルプスなど変化に富んだ四季折々の景色が自慢です。それを実感できるのが、自転車の旅! 風を切って、澄んだ空気を吸って、リフレッシュできること間違いなし!
安曇野市観光情報センター
宮崎さん

拾ケ堰
じっかせぎ

灌漑用に造られた約15㎞におよぶ農業用水路。水路に沿ってサイクリングロードが設けられている。

国営アルプスあづみの公園
こくえいアルプスあづみのこうえん

北アルプスの裾野に広がる総面積約350haの国営公園。美しく咲き誇る花々を見ながらの散策や体験などが楽しめる。

わさび田湧水群公園
わさびたゆうすいぐんこうえん

清らかな水が織りなす風景を感じられる公園。1日約70tの湧き水がわさび田湧水群を潤す。

黒沢の滝
くろさわのたき

安曇野市の南、黒沢川の上流にある幅約5m、落差約30mの大滝。冬には凍結し、大迫力の大氷柱に姿を変える。

お泊まり情報　穂高温泉郷の温泉宿がおすすめ。安曇野の自然を満喫したいなら森の中のコテージやキャンプ場に宿泊するのもあり。

43
滋賀県
長浜市

◆すがうらのこがんしゅうらく

菅浦の湖岸集落

湖畔に映る閑静な集落に、昔日の漁村が垣間見える

奥琵琶湖パークウェイにあるつづら尾崎展望台から集落を望む。琵琶湖北岸は湾と半島が入り組んだ地形だ

琵琶湖水運で繁栄した小さな漁村で現在も続く昔ながらの漁法と村の自治

琵琶湖に突き出た葛籠尾（つづらお）半島にたたずむ菅浦集落は、湖の北端に位置し、山深い里として白洲正子の随筆にも登場している。湖岸近くまでそびえる山々と湖に囲まれ、自動車道路が整備されるまでは、険しい山を越すか、舟での行き来に限られた。

菅浦の港はかつて日本海側と京都をつなぐ湖上交通の結節点として機能し、東西の入り江には船入場もあった。人々は舟運や漁業だけでなく、山の斜面を活用して油の原料となるアブラギリなどの作物栽培でも生計をたてた。鳥の羽をつけた竿で魚を網に追い込むオイサデ漁という琵琶湖の伝統的漁法が今も行われているほか、中世の自治組織・惣の文化も残る。

四足門
しそくもん

切妻造りに葦が葺かれた屋根が特徴。自衛の意識が強かった菅浦では、集落の境界を示す役割として、四足門を東西南北に設置し、村に出入りする人を監視していたといわれる。現在は東西の2カ所のみ残る。

奥琵琶湖パークウェイ
おくびわこパークウェイ

菅浦を経由して、菅浦と同じ湖上交通で栄えた大浦と塩津浜に近い岩熊（やのくま）を結ぶ、全長約18.8kmのドライブコース。奥琵琶湖や竹生島（ちくぶしま）を見渡し、春には3000本余りの桜が沿道を彩る。

行き方

●京都駅からJR湖西線新快速で約1時間10分、永原駅下車、菅浦の湖岸集落まで車で約10分
●米原駅からJR北陸本線普通で約25分、木ノ本駅下車、菅浦の湖岸集落まで車で約30分

奥琵琶湖パークウェイは8～20時まで通行可能で、冬季は通行止め。つづら尾崎展望台から半島東部への道は一方通行のため、木ノ本駅方面から菅浦に向かう場合は、永原駅を経由し、半島西部からアクセスする。

おでかけどき

普段は静かな集落が活気に満ちる時期を見るのもおもしろい

4月第1土・日曜に行われる須賀神社の例祭では、集落が一年で最も賑わう。神社の鳥居そばのイチョウ(写真)は集落随一の紅葉スポット。春の桜を見に行くなら、奥琵琶湖パークウェイのほか、葛籠尾半島の西側に見える半島の海津大崎(高島市)にも足をのばしたい。

須賀神社
すがじんじゃ

集落の高台に位置し、天平宝字8年(764)に建立したと伝わり、神聖な地として、現在でも裸足で参拝するしきたりが守られている。宮司は地域住民が交代で務める。

こぼれ話　湖上の水運を支えた丸子船

↑江戸時代から昭和30年(1955)頃まで湖上を行き交っていた

北陸～大阪・京都を湖上で結び、集落が栄えた時代に活躍した丸子船。「おも木」という2つに割った丸太を、胴体の両側につけた琵琶湖特有の形をしている。北淡海・丸子船の館で当時の暮らしぶりが学べる。

ここが自慢です!

菅浦の湖岸集落景観は2014年に国の重要文化的景観に選定されています。湖岸まで山がせり出しているその地形は、北欧のフィヨルドのような美しさです。また、奥琵琶湖パークウェイには恋人の聖地もあり、大切な人と訪れていただきたい場所です。
長浜観光協会　川崎さん
長浜観光PRキャラクター　ひでよしくん

散策info
長浜観光協会　☎0749-53-2650
所 滋賀県長浜市北船町3-24
(えきまちテラス長浜)

お泊まり情報　菅浦に宿泊するならすっぽん料理や鴨鍋が名物の割烹旅館をチェック。奥琵琶湖エリアならマキノ駅か木ノ本駅周辺で宿を探そう。

44
三重県
熊野市

◆きづろしゅうらく

木津呂集落

深い山並みに抱かれたミステリアスな地形の集落

かつての筏師たちが暮らした 小さな半島のような円形集落

熊野地方の山間部にある、川に囲まれた円形の小集落。北山川の長年の浸食が独特の景観を生み、自然の力により馬の蹄鉄のような美しいカーブを描く。北山川では古くから、伐採した木を筏に組んで下流へ運搬する筏流しが行われており、木津呂には筏を操る多くの筏師たちが暮らした。約600年続いたという筏流しは昭和30年代に途絶え、過疎化の続く集落には現在10名ほどが暮らす。

対岸の和歌山県新宮市熊野川町嶋津地区から、円形集落の全容を眺められるツアーが開催されるなど、自然を体感できる。また、熊野古道から太平洋側へ続く市内の観光なども併せて楽しみたい。

行き方

●熊野市駅から木津呂集落まで車で約40分

太平洋沿いを熊野尾鷲道路が走り、熊野大泊ICから木津呂集落まで車で約45分。バスを利用するならJR熊野市駅から熊野市バス熊野古道瀞流荘線で約50分、瀞大橋下車。バスの本数は1日4本。周辺にはトロッコ列車の瀞流荘駅があり、かわいいトロッコに揺られて三重県屈指の秘湯・湯ノ口温泉へ移動できる。

木津呂集落の展望地へは急な登山道を進む。嶋津観光協会が見学ツアーを実施している

丸山千枚田
まるやませんまいだ

丸山地区にある棚田。約1340枚もの小さな水田が数多く重なり、山並みに脈打つような繊細な光景が見られる。虫送りなどの行事や稲作体験もできる。

楯ヶ崎
たてがさき

熊野灘の荒波により削られた柱状節理の絶壁が立つ。神武天皇上陸の地と伝承され、現在はハイキングコースなども整備されている。

北山川
きたやまがわ

熊野市の西側を流れる清流。対岸の和歌山県にある北山村観光センターでは、5～9月に北山川観光筏下りを開催している(予約制)。

おでかけどき

不思議な形の集落を一望するならツアーが必須

木津呂集落の景色を俯瞰で眺めるには、和歌山県側から往復4時間の登山が必要。夏は気温も高いので、新緑の春か紅葉の秋に訪れると歩きやすい。地元の夫婦で運営を行う嶋津観光協会が主催するツアーに参加するのがベスト。森の散策や河原でのランチなども楽しめるので、事前予約を忘れずに。

ここが自慢です!

神々が宿る地として有名な熊野市は、世界遺産や自然が広がる場所です。近年驚きの景観で話題の木津呂集落は、北山川が集落を囲むように流れ、自然の力により生まれた馬の蹄鉄のような丸い形が神秘的! 険しい山に包まれた先に、インパクトある地形が現れるとみなさん驚かれますよ。

熊野市地域おこし協力隊
田中 順子(なおこ)さん

こぼれ話 熊野に棲む鬼の伝説をたどる

山岳信仰の地として知られる熊野三山。熊野古道などの参拝道の一部として世界遺産に登録された鬼ヶ城は、断崖絶壁に鬼が棲みついたと伝わる。修験道の開祖といわれる役行者(えんのぎょうじゃ)が鬼を連れて熊野三山を飛び回る伝説が残る地でもあり、さまざまな場所で信仰と鬼の結びつきを伺える。

↑天然記念物に登録されている鬼ヶ城。かつては鬼の岩屋と呼ばれていた

散策info
熊野市観光協会 ☎0597-89-0100
所 三重県熊野市井戸町654-1

お泊まり情報 熊野市内には太平洋を一望できるホテルや旅館のほか、オールスイートの世界遺産リゾート 熊野倶楽部など高級宿も点在。

45
岐阜県
下呂市

◆まぜがわ
馬瀬川

やさしいせせらぎ、素朴な自然が残る水郷の里

馬瀬川には、味、香り、形のよい鮎を求めて釣り人たちが集う

↑2014年には美しい村のモデルとして、「里山ミュージアム」に指定され、集落や川でのさまざまな体験を楽しむグリーンツーリズムの舞台となっている

鮎 あゆ

写真提供:
南飛騨馬瀬川観光協会

2007年の「利き鮎会スペシャルin TOKYO」で日本一に輝いた。上質な苔を食べて育ち、香魚とも呼ばれる。

ここが自慢です!

清流馬瀬川の釣りや川遊び、キャンプはとても人気です。馬瀬川でとれる鮎は味、香りがよくておいしいです。なにより美しい景観を眺めながら食べる鮎は絶品です。
南飛騨馬瀬川観光協会
小川さん

美しい水源を中心に営々と続く人々の暮らしを未来へつなぐ

日本のほぼ中心に位置する岐阜県馬瀬は、南飛騨の山あいにたたずむ山林が面積の95％を占める山村だ。南北に並ぶ10の集落に豊かな農地と410戸ほどの民家が点在する。この地域を貫く木曽川水系の一級河川・馬瀬川は、平成の名水百選に選ばれる水質のよさから、鮎釣りのメッカでもある。

馬瀬では、フランスで実施されている、魅力的な食と風土景観を保護し、地域活性化に取り組む「味の景勝地」制度をもとに、同様の振興を目指している。熊本県の阿蘇、新潟県の佐渡島などと協働し、美しい農村の風景や豊かな自然の恵みを守り、地域を盛り上げている。

行き方

●郡上八幡ICから馬瀬川まで車で約1時間
●下呂温泉から馬瀬川まで車で約25分
●飛騨萩原駅から馬瀬川まで車で約15分

郡上八幡ICからせせらぎ街道、国道472・257号を通り馬瀬川へ。下呂温泉からは国道41・257号を経由して約18km。鉄道の場合はJR高山本線で岐阜駅から約2時間30分の飛騨萩原駅で下車、馬瀬川まではタクシーを利用したい。

おでかけどき

**紅葉の美しい秋の馬瀬川
夜は伝統漁法を見学できる**

山々が緑に包まれる春夏はもちろん、伝統漁法が見学できる秋には、紅葉に染まる山に包まれるのどかな風景にふれられるのも魅力。また、5月に開かれるあまご釣り大会、8月の花火大会、農村に個性豊かなかかしが並ぶかかしコンテストなど、さまざまなイベントにも注目だ。

写真提供：南飛騨馬瀬川観光協会

馬瀬川火ぶり漁
まぜがわひぶりりょう

産卵のため秋になると川を下る「落ち鮎」を松明の炎と音で網に追い込む伝統漁法。例年9月上旬～中旬の夜に行われる。

四つの滝
よつのたき

飛騨木曽川国定公園内・横谷峡にある4つの滝。写真はエメラルドグリーンの水をたたえる白滝。

散策info　**南飛騨馬瀬川観光協会**　☎0576-47-2841
所 岐阜県下呂市馬瀬西村1508-1

お泊まり情報　馬瀬川温泉はアルカリ性単純温泉、美肌の湯として人気。料理自慢の丸八旅館や民宿、キャンプ場など川沿いに宿がさまざま揃う。

46
熊本県
産山村
あそのゆうすい
阿蘇の湧水
後世に残したい天然水の故郷。山間の懐からの贈り物

↑産山村に湧く山吹水源。毎分30tもの水が湧き出ている。水温は一年を通して13.5℃ほど

火の国熊本のシンボルが育む
山奥の清らかな水源を求めて

世界最大級のカルデラと二重式火山・外輪山からなる阿蘇は、阿蘇山からミネラル豊富な伏流水がこんこんと湧く天然水の宝庫だ。地表に降り注いだ雨水が阿蘇の地下に浸透し、長い年月をかけ地中の火砕流堆積物や砂礫層によって濾過され伏流水をつくりだしている。阿蘇に点在する水源の多くは、古くから寺社の御手水や飲料水、農業用水として人々の暮らしを支えてきた。阿蘇外輪山の産山村にあり、静寂に包まれたカシワやクヌギなどが茂る原生林の中に湧く山吹水源は、駐車場から10分ほど歩いた先に現れる絵の中のような美しい世界。透明すぎて水が写真に写らない、神秘的な雰囲気が漂うスポットだ。

おでかけどき

夏の晴れた日に涼を求めて阿蘇の水源を巡る

阿蘇の産山村やその周辺には、美しい自然に包まれる水源が点在している。新緑が太陽に照らされて輝く夏に、足を浸して涼をとれる足水ができるスポットを訪れたい。

ヒゴタイ公園
ヒゴタイこうえん

ハルリンドウ、ヒゴタイ、コスモスが春から秋にかけて咲く。運がよければ幸せを運ぶ青色の蜂・ブルービーに出会える。

行き方

●熊本ICから産山村まで車で約1時間30分
●熊本空港から産山村まで車で約1時間20分
●熊本駅からJR豊肥本線で約1時間45分、宮地駅下車、産山村まで車で約30分

九州のほぼ中心部、産山村は山間部にあるため車でのアクセスがおすすめ。山道も多いので、運転には注意が必要。熊本ICからは国道57号経由で約55㎞。大分駅からは車で約1時間50分。

扇棚田
おうきたなだ

等高線状に広がる16枚の棚田と3本の杉の木が並ぶ様子が美しい土地。扇状に広がる地形を生かして作られている。

ここが自慢です!

産山村のおすすめスポットは"山吹水源"です。水源までの道中では森林浴と川のせせらぎで癒やされます。水源地では、木々の隙間からの光が透き通った水源に映る幻想的な絶景をぜひご覧ください。

産山村観光協会　鹿山 淩さん

菊池渓谷
きくちけいこく

阿蘇外輪山の北西部、標高500〜800mに位置し、約1193haの面積を誇る渓谷。天然の広葉樹に囲まれた渓谷に、大小さまざまな瀬と渕、滝が連なる。8月の光芒が美しい。

池山水源
いけやますいげん

産山村に湧く水源。水を汲む採水場や、足を浸して涼める足水ができる場所もある。水温は一年を通して約13.5℃を保つ。

こぼれ話 水と大地が生んだ名物牛

春、産山村の広大な草原に放牧した牛たちが秋に里に降りてくる「夏山冬里」という独自の方法で育てられる「放牧あか牛」。野草を食べ、のびのび育つ牛は引き締まった赤身が特徴で、旨みたっぷりの肉汁があふれ出す。村内のレストランで味わうのもよし、贈答品にもおすすめだ。

↑特製ウインナーや焼肉セットなど、阿蘇旅の思い出に購入したい

散策info　**産山村観光協会**　☎0967-25-2211
所 熊本県産山村山鹿488-3(産山村役場企画振興課内)

お泊まり情報　眺望抜群の1棟貸しや山荘、リゾートホテルに温泉宿まで、バリエーション豊富な宿が揃う。自然のなかで過ごすキャンプ場も。

◆ぐじょうはちまんのよしだがわ／こだらがわ

47 岐阜県 郡上市

郡上八幡の吉田川／小駄良川

端整な装いの城下町は静かな清流の町

郡上の人々が大切に育んできた歴史ある憩いの清流の町

長良川の上流に位置する郡上八幡は、奥美濃の政治・商業の中心として栄えた城下町。長良川の支流・吉田川が町の中央を流れ、川の右岸には木造二階建ての町家が立ち並ぶ鍛冶屋町、柳町といった大正時代の美しい町並みが残る。風情ある石畳の小径の脇には水路が張りめぐらされ、せせらぎに癒やされながら散策を楽しめる。町なかには用水を生かした共同井戸や水屋、共同の川戸が整備され、人々の暮らしを支えている。吉田川の支流・小駄良川は、かつては郡上八幡城の外堀としての役割を担っていた。川沿いには川へと続く石造りの階段があり、川辺に下りてのんびり過ごすことができる。

➡町のいたるところに見られる水舟と呼ばれる水場。上段が飲み水や食べ物を洗うため、下段が食器洗いなどに使われる水を効率よく活用する仕組みになっている

おでかけどき……

夏と冬に体感できる地域の風物詩を求めて

町を流れる用水でスイカが冷やされる光景に出会えることもある夏は、せせらぎの音を聞きながら涼やかな気持ちになれる。冬には石畳の小径に路地行灯が灯り、異世界のような幻想的な雰囲気に。郡上八幡の冬の風物詩、鯉のぼりを小駄良川にさらす「郡上本染・鯉のぼり寒ざらし」も見応えがある（写真）。

小駄良川は吉田川の支流唯一の一級河川。さまざまな行事が行われる

吉田川
よしたがわ

郡上八幡の清流のシンボル。夏には橋や岩から子どもたちが川へ飛び込む姿が見られ、夏の風物詩となっている。鮎やアマゴ、サツキマスなどの川魚が生息している。

郡上八幡城
ぐじょうはちまんじょう

戦国時代末期、戦の際の陣が山頂に置かれたのが始まり。日本最古の木造再建城で、市の有形文化財でもある天守閣からは郡上八幡の町並みや奥美濃の山並みが一望できる(P.28)。

宗祇水
そうぎすい

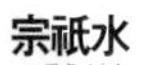

文明3年(1471)、この地を訪れた連歌師・宗祇が住んだ草庵のほとりにあった泉。日本の名水百選に選ばれている。

行き方

●郡上八幡ICから吉田川／小駄良川周辺まで車で約10分
●郡上八幡駅から吉田川／小駄良川周辺まで車で約5分

国の登録有形文化財に登録された木造平屋の趣ある駅舎、玉石積みのプラットホームなど、見応えのある郡上八幡駅が観光拠点。車では国道256号と県道320号を経由して約2km。岐阜駅からの岐阜バスが運営する高速バスで郡上八幡城下町プラザまで約1時間10分。1日9本ほど運行している。公共交通機関を利用する場合は、郡上八幡駅からまめバスで本町や新橋へ。

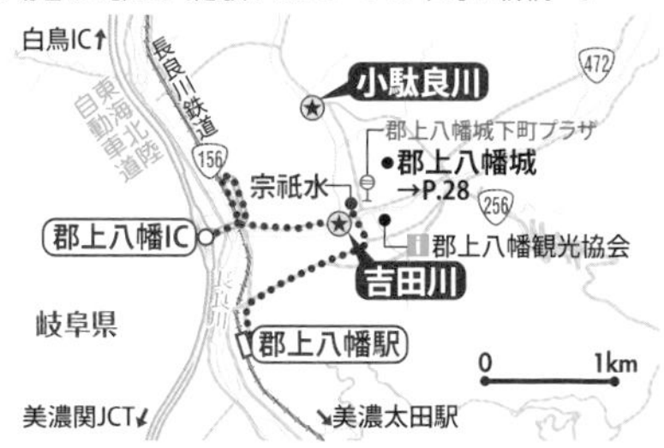

やなか水のこみち
やなかみずのこみち

石畳の細い路地に流れる水路とゆらめく柳が周囲の歴史ある建物と調和し、美しい景観をつくりだす。

ここが自慢です!

清流や用水などの「水」を感じながら、町家が軒を連ねる風情ある町並みの散策を楽しんでくださいね!
郡上八幡観光協会　大坪さん

散策info
郡上八幡観光協会　☎0575-67-0002
所 岐阜県郡上市八幡町島谷520-1

お泊まり情報　市街地にはホテル、旅館、民宿に一戸建てホテルや歴史ある町家の宿など充実。風情ある町並みに溶け込むひとときを。

豊かな水辺の恩恵を受け大河とともに暮らす

球磨川流域の隠れ里を旅する

球磨川

日本三大急流と呼ばれる球磨川沿いには、個性あふれる町が点在する。豊富な水源や自然の恵み、ときに迫りくる水害の苦難を抱き、人と町は歴史を越えて共生している。

舟下りを楽しめる球磨川。透明度が高く、鮎が泳ぐ姿を船上から眺めることもできる

48
熊本県
人吉市ほか

球磨川

◆くまがわ

➲球磨川の水源がある水上村に架かる白龍王橋と白龍妃橋

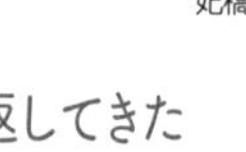

➲五木村の子守唄公園にはのどかな茅葺きの民家が立ち並ぶ

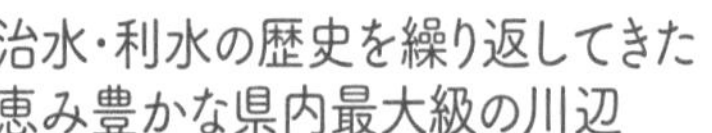

治水・利水の歴史を繰り返してきた恵み豊かな県内最大級の川辺

熊本県南部を流れる球磨川は、九州山地の銚子笠に源を発し、人吉盆地を貫流して不知火海(八代海)へと注がれる。日本三大急流のひとつに数えられ、たびたび洪水被害をもたらしてきた。鎌倉時代に地頭として人吉地方に赴任した相良氏は、入国後いち早く球磨川の治水事業に取り組み、球磨川を人吉城の天然の堀に利用した。江戸時代には水上交通に活用されたが、明治以降に肥薩鉄道や道路が川沿いに整備されてその役目を終えた。今では流域に田畑が広がり、川下り観光や鮎釣りが人気の景勝地として親しまれ、洪水対策への取り組みも続けられている。

➲球磨川での鮎漁解禁で釣り人が多く訪れる

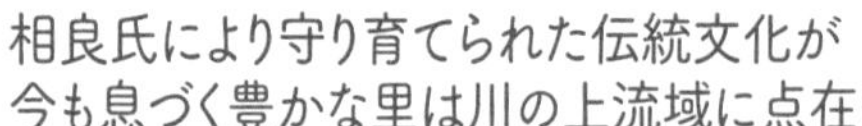

相良氏により守り育てられた伝統文化が今も息づく豊かな里は川の上流域に点在

人吉市を中心とした人吉地区と、多良木町、あさぎり町、錦町などの球磨川上流域は人吉球磨地域と呼ばれ、鎌倉時代から幕末まで約700年にわたり相良氏の統治が続いた。その間、育まれた独自の伝統文化が大切に受け継がれており、日本で最も豊かな隠れ里と称される。素朴な田園地帯に点在する茅葺きの寺社建築や、相良氏ゆかりの史跡などが日本遺産に認定されている。2020年7月の九州南部豪雨により一帯は甚大な被害を受け、球磨川流域を走るSL人吉などの観光列車は運休中だが、一部の温泉旅館や観光施設、復興商店街が再開され、復旧が進められている。

➲人吉球磨の代表的な日本遺産として知られる国宝・青井阿蘇神社

相良氏ゆかりの史跡が豊富

49 多良木町
◆たらぎまち

田園地帯と森林の自然が豊かで、果実などの農作物に恵まれる。かつて一帯を統治した相良氏が最初に居を構えた地で、江戸時代の灌漑用水や上相良家の菩提寺・青蓮寺阿弥陀堂など相良家ゆかりの史跡がある。

太田家住宅 おおたけじゅうたく

相良氏家臣の江戸末期頃の居宅が残る。茅葺き屋根を折り曲げた、人吉球磨地方を代表する鈎屋民家。

人吉盆地の雲海 ひとよしぼんちのうんかい

冬の霧の濃い日には人吉盆地を雲海が包み込む。多良木町の妙見野自然の森展望公園で楽しめる。

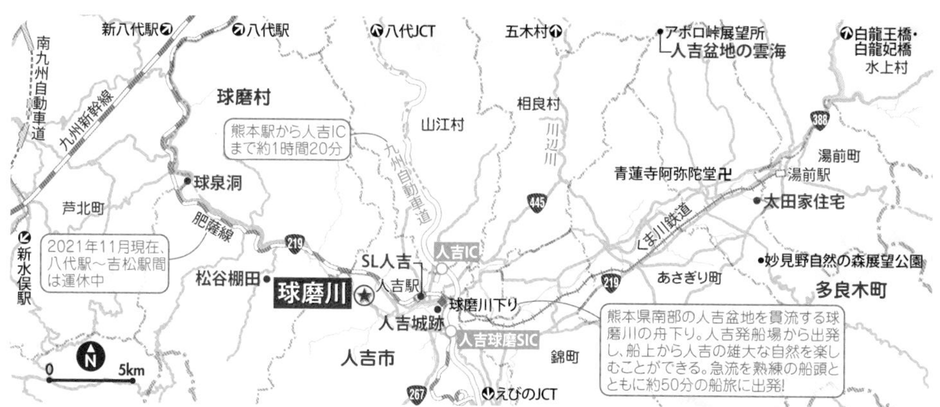

地域一帯で最も栄えた城下町

50 人吉市
◆ひとよしし

相良氏が築いた城下町で、人吉盆地一帯の政治・経済の中心地として発展。人吉城跡や平安時代創建の国宝・青井阿蘇神社など史跡が多く、ラフティングをはじめアクティビティも盛ん。球磨川沿いに人吉温泉がある。

SL人吉
エスエルひとよし

熊本駅～人吉駅間を走行し、現役の電車では日本最古の蒸気機関車が牽引する。2021年は熊本駅～鳥栖駅間で特別運行を行う。

人吉城跡
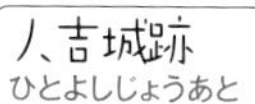
ひとよしじょうあと

球磨川のほとりにある相良氏の居城跡。復元された多門櫓や角櫓は、被災により立ち入り禁止となっているので注意。

棚田と鍾乳洞のある山里

51 球磨村
◆くまむら

面積の88%が山林と山岳地で、傾斜地の棚田が点在する。棚田米で作る球磨焼酎や豊富な農産物などが特産。九州最大の鍾乳洞の球泉洞が有名だ。球磨川近くの一勝地温泉は、温泉施設のみ営業を再開している。

松谷棚田
まつたにたなだ

山腹斜面に広がる大小の田に、巨木や杉の大木が点在する。川の対岸に展望所があり、日本の棚田百選に選出された。

球泉洞 きゅうせんどう

全長約4800mの九州最大の鍾乳洞。一部を巡る2種類の観光コースがある。2021年11月現在、豪雨被害で休業中。

ここにもほっこり風景

大自然と調和する美しい橋

雄大な山並みやゆるやかに流れる川に寄り添い、町の人々の暮らしを支える橋。地域の特性を取り入れた実用性の高さや、美しい姿形そのものに魅了される。

52 旧国鉄士幌線 タウシュベツ川橋梁

北海道 上士幌町

◆きゅうこくてつしほろせん タウシュベツがわきょうりょう

季節の移ろいに合わせて顔を出す
北の大地に架かる幻の橋

↓タウシュベツ展望台からの眺め。タウシュベツ川橋梁までの林道は許可車両以外通行禁止なので注意したい

旧国鉄士幌線 コンクリートアーチ橋梁群は、大小含め約60カ所にアーチ橋が点在するエリア。なかでも昭和12年(1937)完成、全長130mのタウシュベツ川橋梁は、ぬかびら源泉郷の代表的な景勝地として知られる。11連のアーチ橋は、糠平湖の水量の減少により冬から春にかけて湖から出現。7～10月頃(時期は変動あり)は水没することから幻の橋と呼ばれており、出会えたときの感動はひとしお。

散策info ☎01564-7-7272(上士幌町観光協会)
所 北海道上士幌町ぬかびら源泉郷 交 JR帯広駅から車で1時間20分 料 無料

53 蓬莱橋

静岡県 島田市

◆ほうらいばし

→1997年、世界一長い木造歩道橋としてギネスブックに認定。のどかな町並みと夕景が美しい

茶畑の開墾を目指し
人々が歩いた木造歩道橋

明治12年(1879)、牧之原台地開墾のために架けられた世界一長い木造歩道橋。明治2年(1869)、大井川右岸の牧之原台地で始まったお茶作りをきっかけに、開墾人が建設を提案。小舟でしか渡ることができなかった大井川の往来が躍進した。現在も農道として利用されており、暮らしを支える架け橋となっている。

散策info ☎090-7866-1056
所 静岡県島田市南2丁目地先 交 JR島田駅から徒歩20分 料 100円 ※荒天や工事時は通行制限および渡橋不可の場合あり

←JR島田駅がある市街(写真奥)と明治時代に開墾が始まった茶畑(写真手前)を結ぶ

54 熊本県 山都町

通潤橋
◆つうじゅんきょう

町の農業発展に貢献した 先人の知恵を受け継ぐ水路橋

強靭な石造りの通水管は、継ぎ目に漆喰を使うことで大量の水圧に耐えられるよう工夫されている

嘉永7年(1854)、白糸台地に農業用水を送るために建造された日本最大級のアーチ式水路橋。矢部の惣庄屋(現在の町長)・布田保之助の計画により完成した水路橋は、長さ75.6m、高さ20.2mを誇る。約6km離れた笹原川の上流から水を引き、放水する力を持ち合わせており、強靭な通水管の仕組みは吹上樋と呼ばれれる。長年にわたり地域の水田を潤してきた水路橋は、昭和35年(1960)に国の重要文化財に指定されている。

散策info 0967-72-3855(山都町観光協会) 所 熊本県山都町長原 交 九州中央自動車道・山都中島西ICから車で20分 料 無料

約100haにわたる白糸大地の水田に水を送る豪快な放水は見もの

55 青森県 鶴田町

鶴の舞橋
◆つるのまいはし

舞橋には2カ所の休憩所があり、岩木山と津軽富士見湖の美しい景色が見られる。橋脚には樹齢150年以上となる直径約30cmの木が使用されており、青森県産ヒバの力強さを感じる

空に舞う鶴の姿を連想させる 日本一の木造三連太鼓橋

岩木山の雄大な山影を湖面に美しく映す津軽富士見湖に、日本一の長さを誇る木造三連太鼓橋が架かる。全長約300mもの木造三連太鼓橋は、青森県産1等材のヒバを使用したなめらかなアーチを描く。津軽富士見湖周辺には丹頂鶴自然公園があり、舞橋は飛び立つ鶴の姿を連想させ、その優雅な曲線美に心を奪われる。

散策info 0173-22-6211(鶴の舞橋観光施設) 所 青森県鶴田町廻堰大沢81-150 交 JR陸奥鶴田駅から車で10分 料 無料

56
大分県
豊後高田市

田染荘

たしぶのしょう

農業遺産の郷」で知られる、中世の面影を残す田園

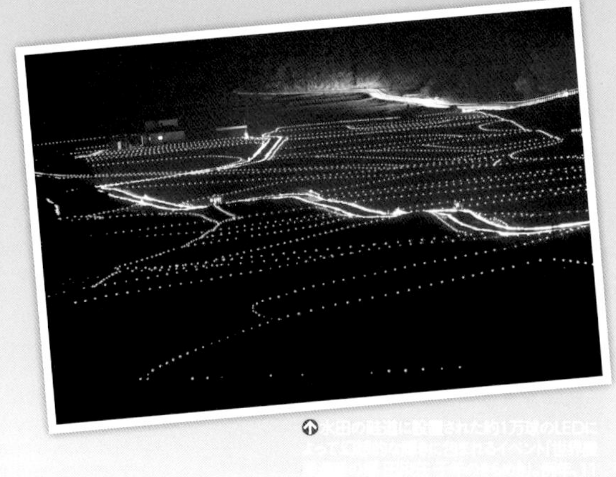

水田の畦道に設置された約1万球のLEDに [illegible]

地域の人々の協力があり、水田や周囲の景観が昔のままの姿で守られている

⬆近くの夕日岩屋から撮影。ベストショットを収めようと、足を運ぶカメラマンの姿も見られる

ここが自慢です!

田染荘は平安期の田園風景が残されています。6月は水田に日の光が反射する様子が、また10月には黄金色の稲穂がたなびく様子が大変美しいです。ドラマチックに移ろう景色を写真に収めてみてはいかがですか?
豊後高田市ふるさとキャラクター
ラッピー&カモン

おでかけどき

季節ごとに多彩な絶景を楽しめる半島

田染荘の水田が最も美しく見えるのは、水が張られる6月と稲穂が実る10月。また、国東半島には花の名所が多いので、シーズンにあわせてプランを立てるのもよい。菜の花とヒマワリ畑が有名な花とアートの岬 長崎鼻、3月下旬から4月上旬にかけて桜の見頃を迎える粟嶋公園や並石ダムグリーンランド(こっとん村)など。

散策info　豊後高田市商工観光課　☎0978-25-6219
所 大分県豊後高田市是永町39-3

1200年前の姿を今もなお残す 緑の稲穂が揺れる穏やかな景観

大分県国東半島は豊後高田市・国東市・杵築市・日出町で構成され、海を望む景勝地やレトロな町並みなど、観光スポットが随所に点在している。

田染荘は豊後高田市の内陸部に位置する里村。九州最大の荘園領主だった宇佐神宮が、その位置と規模から大切にした荘園のひとつ。田染小崎地区には荘官屋敷跡をはじめ荘園の遺跡が数多く残る。土地の地形を生かした曲線で区割りされた水田が独自の美しい景観をつくりだしている。2010年に国の重要文化的景観に選定され、2011年にはユネスコ未来遺産に登録。さらに2013年には、国東半島を含む一帯が世界農業遺産に認定された。

こぼれ話

参加自由の田植え体験

6月第2日曜の御田植祭と10月第2日曜の収穫祭は、田染荘で例年開催される交流イベント。参加者は中世時代の衣装を身につけ、昔ながらの手作業で農業体験を楽しむことができる。また、地元のシイタケや季節野菜をふんだんに使った里山料理もふるまわれる。ゆかりの深い宇佐神宮の神事やアトラクションも見ものだ。

⬆御田植祭では合図にあわせて苗を植える(上)。甘く香り豊かでおいしいと評判の「荘園米」(下)

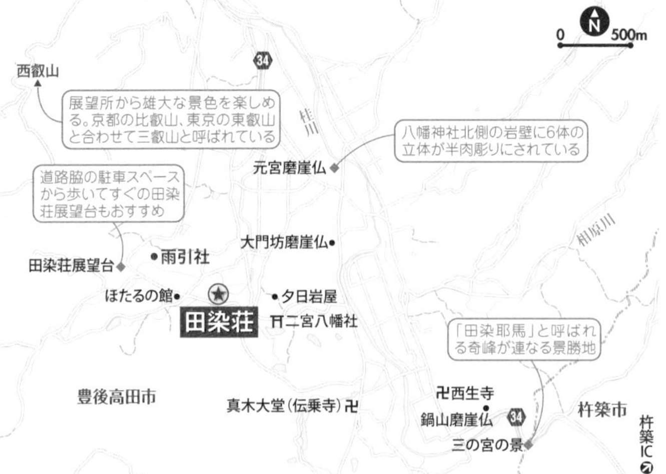

雨引社
あまびきしゃ

田染荘の奥に鎮座する台薗集落の鎮守。周辺の水田はかつて天水(雨水)を活用して稲作が行われており、水の守り神として信仰を集めている。

行き方

●大分駅からJR日豊本線特急ソニックで約40分、宇佐駅下車、田染荘まで車で約30分
●大分農業文化公園ICから田染荘まで車で約30分

田染荘までのアクセスは、車移動のみとなる。最寄りのレンタカー営業所は宇佐駅または杵築駅のいずれか。杵築駅から車で約25分。国東半島は田染荘のほかにも名所が多いので、海岸線のドライブとあわせたプランニングがおすすめ。

花とアートの岬 長崎鼻
はなとアートのみさき ながさきばな

春には約2200万本の菜の花、夏には約150万本のヒマワリが、岬に広がる花公園に咲き誇る。

昭和の町
しょうわのまち

江戸時代から昭和30年(1955)にかけて国東半島で最も栄えたエリア。昭和レトロな商店街は豊後高田市の人気スポット。

真玉海岸の夕陽
またまかいがんのゆうひ

日の入りと干潮が重なると、美しい縞模様が浮かび上がる国東半島を代表する絶景スポット。日本の夕陽百選のひとつ。

お泊まり情報　田染荘周辺では、田舎暮らしや農作業体験などができる農家民泊の受け入れを行っている。国東半島に点在する割烹旅館も人気。

57
群馬県
昭和村

◆しょうわむらのこうげんやさい

昭和村の高原野菜

群馬が誇る名峰・谷川岳と高原に広がる一面のレタス畑

↑レタスはまだ日も出ない時間帯から収穫され、鮮度を保ったまま近郊に出荷される

↑群馬県はレタスの生産量が全国2位。寒暖差によって甘みが増すレタス作りに、昭和村の気候は適している

コンニャクイモ畑

コンニャクイモばたけ

コンニャクイモは植え付けから収穫まで2～3年かかる。葉が開き、茎が太くなると樹の高さは約60cmまで成長する。

➡コンニャクイモは樹が倒れて、葉や茎が枯れてから掘り起こして収穫する

©「やさい王国昭和村」フォトコンテスト入賞作品

奥利根ワイナリー

おくとねワイナリー

標高約700mの冷涼な気候を生かした自家農園のブドウ畑。土作りから瓶詰めまで一貫したワイン造りを行っている。

日本有数の高原野菜の産地であり首都圏の台所とも呼ばれる農村

昭和村は利根川（とねがわ）・片品川（かたしながわ）沿いの大規模な河岸段丘に栄えた村で、赤城山（あかぎやま）の北西部に位置し、広大な土地を生かした農業が盛んである。村の面積の約40%が畑であり、ひとつひとつの畑も大きく、開放的な景色が広がっている。耕地は火山灰土で形成されるため水はけがよく、気温は高冷地のため一日の寒暖差が大きい。この環境は野菜がおいしく育つのに適しており、収穫される野菜のなかでもコンニャクイモは日本一の生産量を誇る。その他にもレタスやホウレン草、キャベツ、白菜、トウモロコシ、トマト、イチゴ、サクランボ、ブルーベリーなど、数多くの農作物を生産している。

収穫体験

しゅうかくたいけん

昭和村では一年を通して、さまざまな野菜や果物の収穫を体験することができる。野菜の収穫体験の受付は道の駅 あぐりーむ昭和で、果物狩りの受付は各農園で行っている。写真は7月中旬～8月下旬に行われるトウモロコシ狩りで、高地で育つトウモロコシはみずみずしく甘みが強くなる。

行き方

●昭和ICから道の駅 あぐりーむ昭和まで車で約1分

観光の拠点となる道の駅 あぐりーむ昭和までは公共交通機関での移動は難しい。昭和ICからすぐの位置にあり、村内の移動も車がベスト。レンタカーを利用する場合、新幹線が停車する上毛高原駅や近隣の渋川駅や沼田駅、新前橋駅からの利用がおすすめ。

ここが自慢です！

昭和村の観光拠点は、道の駅 あぐりーむ昭和です。広大な畑を肌で感じて体感してもらうにはレンタサイクルがおすすめ。また、農業体験教室あぐりーむ楽行は農園スタッフのサポートを受けながら年間15品目の野菜を栽培し、収穫までを体験することができます。私がていねいにアドバイスいたします。
道の駅 あぐりーむ昭和
真下 和也さん

©「やさい王国昭和村」フォトコンテスト入賞作品

そば畑
そばばたけ

長者の原のそば畑。春と夏の年2回種を蒔き、花が咲くと白い絨毯が敷かれたような光景が一面に広がる。

こぼれ話

村の伝統芸能・太々神楽（だいだいかぐら）

毎年4月中旬に永井箱根神社で奉納される神楽。神の心を鎮める鎮魂と五穀豊穣、氏子の幸せを願って舞が行われる。村の重要無形文化財に指定されており、永井太々神楽保存会によって受け継がれている。

➲岩戸の舞や火の神の舞など7つの演目が行われる

おでかけどき

レタス畑は春から夏にかけてが見頃

夏と秋のそば畑や冬の白菜畑など、一年を通して四季折々の畑を見ることができる。収穫体験も旬の時期に随時行われる。

散策info

道の駅 あぐりーむ昭和
☎0278-25-4831
所 群馬県昭和村森下2406-2
昭和村役場 企画課 ☎0278-24-5111
所 群馬県昭和村糸井388

お泊まり情報 昭和村には宿泊施設が少ないため、少し足をのばして水上温泉郷や伊香保温泉などの温泉地を訪れるのがおすすめ。

58
山形県
飯豊町

◆でんえんさんきょしゅうらく
田園散居集落

家々を守るかのような木立ちは水田が織りなす美景のアクセント

 写真提供:飯豊町観光協会

↑田んぼのなかに木々に囲まれた家が点在する様子を散居集落と呼ぶ。どの家も近くの田を耕すことができ、類焼を防ぐ効果などがある

↑町の高台から田園散居集落を望む。時間帯や季節によって、さまざまな表情をみせてくれる

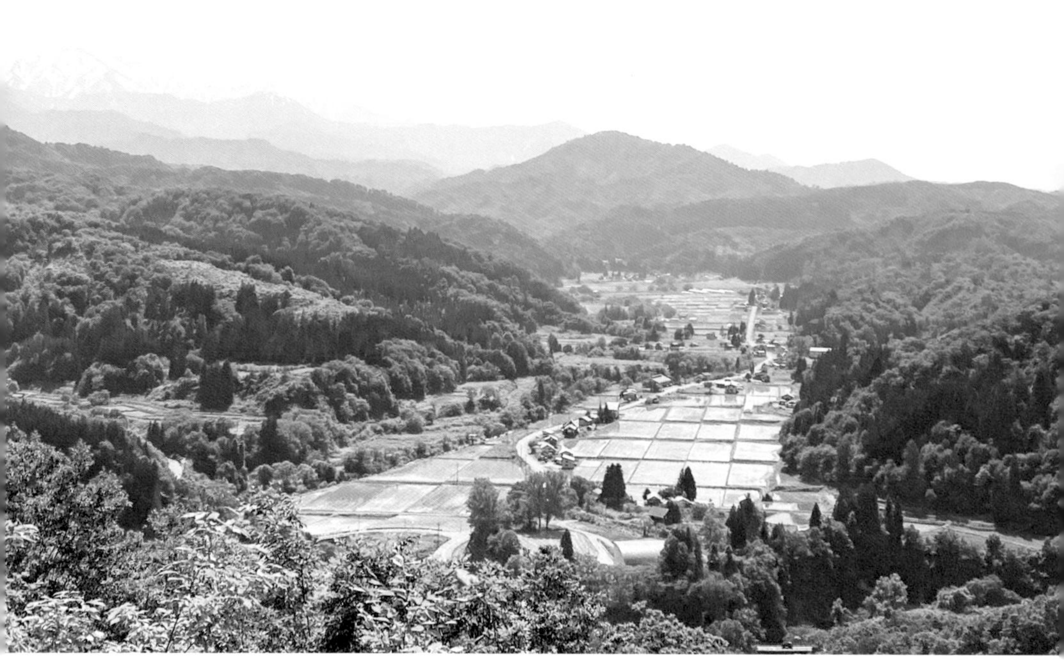

中津川地区
なかつがわちく

伝統的な家屋や手仕事が見られる町南部に広がり、飯豊町では唯一草木塔という石碑が残る地域。県南部を指す置賜地方には、生計に欠かせない自然の草木にも霊魂が宿るという考えがあり、その感謝を表すために草木塔を立てていた。

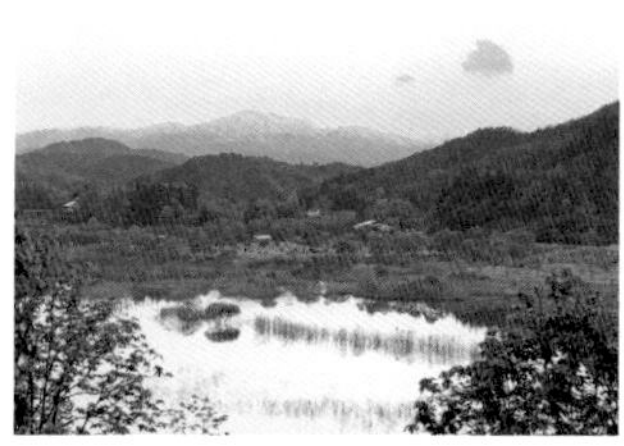

飯豊連峰
いいでれんぽう

山形県、福島県、新潟県の3県にかけて、2000m級の山々が連なる。そのなかでも飯豊山は、稲作における信仰の対象だ。

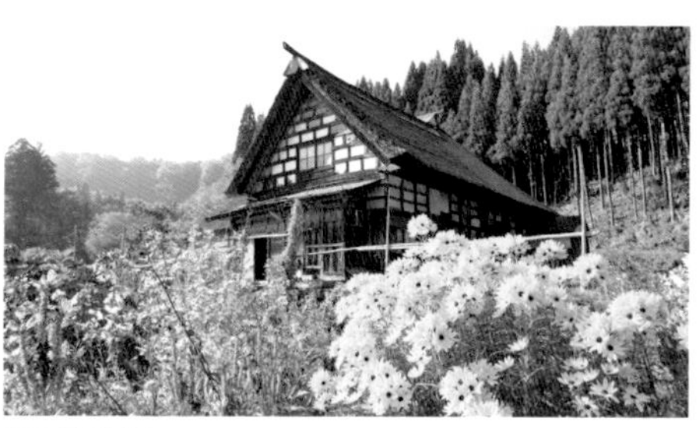

中門造り家屋
ちゅうもんづくりかおく

中津川地区に残る、豪雪地帯特有の民家。母屋から突き出た中門と呼ばれる小屋で、農耕馬を飼育していた。周囲には沢の水を引いた水路が見られる。

水田地帯に点在する家を囲む木々に厳しい自然と付き合う知恵が宿る

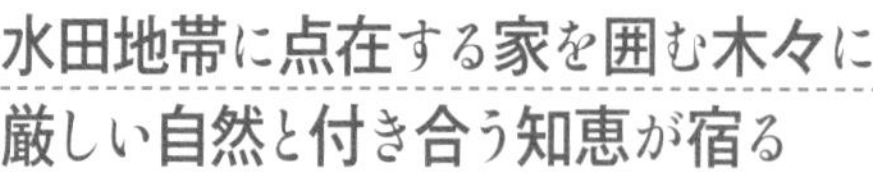

山形県南西部に位置する飯豊町は、最上川の源流部に位置し、県内有数の豪雪地帯。米のほか、トマト、山形県のブランド牛・米沢牛の生産が盛んだ。

萩生地区と中地区一帯を指す田園散居集落は、飯豊連峰から流れる白川により形成された肥沃な稲作地帯に、水田農業を営む農家が住み始めたことが始まり。家を囲む木々は屋敷林と呼び、方角によって針葉樹か落葉樹が植えられており、冬の風雪から建物を守るほか、燃料不足を補うための薪、秋に収穫した稲束の稲掛けとしての役割がある。田園散居集落から白川を上ると、水没林で近年話題の白川湖や、昔ながらの生活風景が残る中津川地区に至る。

行き方

●米沢駅からJR米坂線で約40分、萩生駅下車、ホトケヤマ散居集落展望台まで徒歩約40分

●南陽高畠ICからホトケヤマ散居集落展望台まで車で約30分

ホトケヤマ散居集落展望台が田園散居集落を眺めるポイント。萩生駅は小さな無人駅なので、町の観光情報を調べてから向かうなら、隣の羽前椿駅で下車しよう。駅から展望台の駐車場までは車で約10分。駐車場から専用の登山道を10分ほど上る。白川湖や中津川地区までは羽前椿駅から車で20～30分程度。

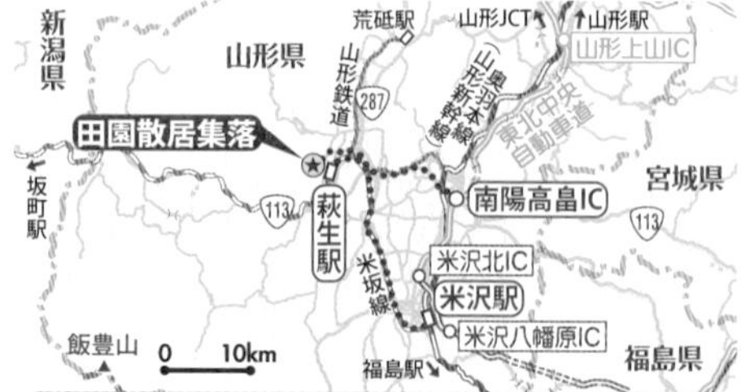

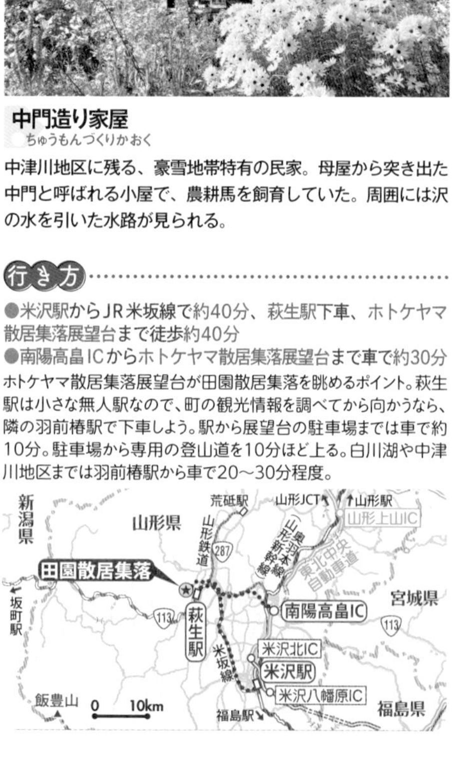

 写真提供:飯豊町観光協会

いいでどんでん平ゆり園
いいでどんでんだいらゆりえん

ユリは飯豊町の花として制定。6月上旬から見頃を迎え、彩り豊かな50万本以上のユリの花が咲き、ゆりまつりも開かれる(開花状況により入園有料)。

白川湖の水没林
しらかわこのすいぼつりん

4月中旬～5月中旬、飯豊連峰からの雪解け水がダム湖に流れ込み、満水になると、新緑のシロヤナギが水の中から生えているように見える。

おでかけどき

田植えは5月下旬頃から四季折々の集落の姿に感動

朝焼けに照らされる水田(写真)を見に行くなら、6月上旬を目処に。2月上旬なら雪に覆われた水墨画のような風景に出会える。町の祭りを見たい場合は、7～9月にかけて町内の各社寺で行われる獅子まつりや、2月最終土曜の中津川地区での雪まつりをチェックしておきたい。

こぼれ話

菅笠作りと山形花笠まつり

山形花笠まつりは、山形市で毎年8月5～7日の3日間行われ、紙製の花などで飾られた菅笠を回しながら踊り手が街をパレードする。祭りの主役ともいえる菅笠は、飯豊町の中津川地区で主に作られており、農作業での雨や日差しよけなどとして使うために、農家の冬の副業として編まれてきた。昭和38年(1963)から毎年山形花笠まつりに花笠を提供している。

江戸時代から続くとされる菅笠作り。制作体験も行っている

ここが自慢です!

標高2105mの飯豊山の麓、飯豊町は広大な自然とともに暮らしてきた食や伝統、景色、人柄がまるで昔話の世界のような町です。初めてだけど懐かしい。何故かホッとして涙がこぼれるこの町に足を運んでみてはいかがでしょうか。
飯豊町観光協会
高橋 達哉さん

散策info
飯豊町観光協会
0238-86-2411
所 山形県飯豊町椿1974-2(JR羽前椿駅舎内)

お泊まり情報 田園散居集落地帯ではスローな滞在を提案するブティックホテルに注目。白川湖にはコテージ村、中津川地区には農家民宿がある。

59
北海道
帯広市ほか

◆とかちへいやのぼくそうち
十勝平野の牧草地

十勝平野の雄大なパノラマを望む
新嵐山スカイパーク展望台

果てしなく続く大地ですくすく育つ 北国自慢のおいしい農作物たち

北海道の南東部に位置する十勝平野は、中心である帯広市のほか18の町村を擁し、道内一の農業地帯として知られている。涼しくも豊かな気候に恵まれ、小麦やジャガイモ、大豆のほか、砂糖の原料である甜菜(てんさい)など気候に適した作物が生産されている。

畑を上から眺めると区画ごとに色が異なって見えるのは、それぞれ植えている作物が違うため。同じ種類の作物をひとつの畑で連続して栽培せず1年ごとに畑を替えて育てることで、土の栄養バランスが取れ作物の病気を防ぐことができる。この手法を輪作(りんさく)といい、農作物を安定して大量に生産できると同時に、北海道らしい牧歌的情景をつくりだしている。

おでかけどき

夏と冬の温度差が最高60℃になるほど 季節の変化が大きく、美しい景色を楽しめる

夏の海岸部で海霧がたちこめ日中でも気温はあまり上がらないが、内陸部では比較的暖かくカラッとした天気が続く。冬は大陸性寒冷高気圧に覆われ、最低気温が−30℃にもなる低温が続く地域もあるが、日高山脈で雪雲が遮られるため山沿いの地域を除くと雪は少なく晴天の日が続く。

八千代牧場
やちよぼくじょう

5月中旬〜10月下旬、乳牛や馬が放牧される牧場。ソーセージや羊毛加工などの体験、宿泊施設、レストランがある。

写真提供:十勝観光連盟

行き方

●帯広駅からJR根室本線で約25分、芽室駅下車、新嵐山スカイパーク展望台まで車で約20分
●帯広空港から新嵐山スカイパーク展望台まで車で約35分

帯広空港から十勝エリアの交通拠点となる帯広駅までは連絡バスで約40分。帯広駅から芽室駅まで、特急とかちで約10分。十勝エリアを周遊するのであれば、車での移動がベスト。

言葉を失うほどの広大で壮大な農村風景のパノラマ

↑北海道の各地で見られる牧草ロール。写真は中札内村の風景

©Hisashi Urashima

ジュエリーアイス

豊頃町大津海岸で冬に見られる氷塊。朝日を浴び、宝石のように輝いて見える。

ハルニレの木

ハルニレのき

2本の木が寄り添うように一体化した豊頃町の名所。四季ごとに異なる表情を見せてくれる。

©Hisashi Urashima

スノーアート(中札内村)

スノーアート(なかさつないむら)

中札内村在住のスノーアーティスト・梶山氏が雪原にかんじきの足跡で描いたスノーアートを自由に鑑賞できるイベントなどが開催される。

写真提供:中札内村観光協会

ここが自慢です!

北海道の東部・十勝地域は、広大な大地が広がり北海道で最も北海道らしいところだと思っています。私は主に、豊頃町のハルニレの木と冬のジュエリーアイスを撮影していますが、十勝の四季折々の美しい自然風景は癒やされますよ。

ジョイ・イングリッシュ・アカデミー学院長
浦島 久さん(ジュエリーアイスの命名者)

©Hisashi Urashima

散策info **とかち観光情報センター**
☎0155-23-6403 所 北海道帯広市西2条南12 JR帯広駅エスタ東館2F

お泊まり情報 宿泊施設が集中するのはJR帯広駅10km圏内。十勝川温泉にはリゾートホテルが数軒立ち並ぶ。

60
京都府
和束町

◆わづかのちゃばたけ

和束の茶畑

山々を抜けた先にひっそり現れるパッチワークのような茶源郷

町を挙げて行う生業がもたらす芸術的な景観が自然や集落と共存

京都府南部、奈良県との県境に近く、周囲を山々に囲まれた和束町。鎌倉時代から始まった茶産業が今も生活に息づき、府の生産量の約半分を生産している全国有数の茶の町だ。傾斜地をそのままに開墾し、等高線に沿って茶畝を作る方法はこの地ならでは。空まで届くかのような独特の模様の茶畑が、雄大な山々や瓦屋根の集落のなかに、違和感なく存在する。

和束町活性化センターは、この貴重な景観と産業の維持を目的として発足した団体。展望カフェや農家民宿、体験プログラムなどを積極的に行うことで、旅行者のほか、移住者も増加している。

ここが自慢です!

和束町は茶畑が広がる宇治茶の主産地で、町内の茶畑面積は東京ドーム約125個分に相当します。茶畑と集落が一体となった風景から、2013年には日本で最も美しい村連合に加盟し、2015年には日本遺産にも認定されました。ここでしか買えないおみやげも豊富で、手軽にお茶を味わえる和束茶ペットボトル150円も人気です。
和束の茶娘　茶茶ちゃん

こぼれ話　800年続く京都の茶文化

鎌倉時代に京都に伝わったお茶。足利義満は宇治茶を日本一と評し、江戸時代以降には、抹茶や煎茶、玉露が京都南部で誕生。茶文化をリードしてきた歴史がある。

↑現在も最高級のお茶を生産

急傾斜の地形に茶畝が整然と並ぶ石寺の茶畑はこの町の代表的な風景

石寺の茶畑
いしてらのちゃばたけ

京都府景観資産第1号にも指定された、和束の茶畑を代表するスポット。小高い山に敷き詰められた茶畑の合間に新しい家や古民家が点在。町のなかで最も早い、4月下旬に茶摘みが始まることから早場（はやば）と呼ばれる。

釜塚の茶畑
かまつかのちゃばたけ

傾斜地を先人がすべて手鍬で開墾し広げた茶畑。畑と生活が営まれている民家が隣り合わせにある独特の景観が楽しめる。

撰原の茶畑
えりはらのちゃばたけ

複雑な傾斜に沿って茶畑がうまくはめ込まれている。上から望むと、より不思議な幾何学模様の風景を楽しめる。

安積親王陵墓
あさかしんのうりょうぼ

聖武天皇の皇子・安積親王の陵墓。茶畑に囲まれた小高い丘の上にあり、太鼓山と呼ばれ、崇られている。

●加茂駅から奈良交通バス和束町小杉行きで約15分、和束山の家下車、和束茶カフェまで徒歩約4分
●木津ICから和束茶カフェまで車で約25分

加茂駅までは大阪駅からはJR関西本線大和路快速、京都駅からはJR奈良線を利用(木津駅で乗り換え)、約1時間で到着。加茂駅からの路線バスは1時間に1本なので、時刻表を事前に確認しておこう。観光案内を行っている和束茶カフェから一番人気の石寺の茶畑までは約3km。ハイキング気分で歩くのもいいが、自転車をレンタルするのがおすすめ。

おでかけどき

四季折々の景色を見せる畑 新茶の茶摘みは5月

新芽と桜の風景、周りの木々が色づく秋や雪が降る冬など移りゆく景色が楽しい。毎年開催される茶源郷まつりにも注目だ。

散策info　**和束町観光案内所**　☎0774-78-0300
所 京都府和束町釜塚京町19

お泊まり情報　和束町内には農業体験やそば打ち、抹茶たてなど個性豊かな体験が楽しめる農家民宿が点在している。

61
福岡県
朝倉市

◆あさくらのさんれんすいしゃ

朝倉の三連水車

田畑を潤す昔ながらの水車が農村の風景に溶け込む

自然の力で田に水を引く 実働する日本最古の水車

福岡県の南東部に位置する朝倉市。全国的にも珍しい鵜飼での漁も行われる、九州一の大河・筑後川が流れ、肥沃な土地と豊かな水に恵まれている。三連水車のある堀川用水は、干ばつの被害を防ぐために寛文3年(1663)筑後川の水を引き入れ作られた農業用の用水路。一部の地域は川面よりも土地が高く、さらに水を汲み上げる必要があったため自動回転式の重連水車が設置された。現在、朝倉市には菱野(三連)、三島(二連)、久重(二連)の3基の水車が現役で稼働し、農地を潤している。水車のほか、卑弥呼伝説や大規模環濠集落遺跡などの貴重な歴史遺産も多く残り、柿やブドウ、梨などの果樹栽培も盛ん。

ここが自慢です!

三連水車は、地元の職人によって5年ごとに作り替えられ、技術を継承し、今も現役で田んぼを潤しています。柄杓から落ちる水の音が心地よく響き、耳納連山を背景に回る三連水車ののどかな風景が自慢です。
朝倉市のマスコットキャラクター
卑弥呼ちゃん

草場川の桜並木

くさばがわのさくらなみき

草場川の河畔約1.5㎞にわたり植えられた桜並木。桜と菜の花のコントラストが楽しめる、朝倉市の隣、筑前町随一の桜の名所。夜はライトアップも行われる。

朝倉市内の約35haの田畑に水を届ける水車として堀川用水とともに国の史跡に指定されている

朝倉市平塚川添遺跡公園

あさくらしひらつかかわぞえいせきこうえん

弥生時代の多重環濠集落遺跡で、国の史跡に指定されている。住居や倉庫などを復元した歴史公園となっている。

おでかけどき

水車が稼働する6月中旬～10月中旬がおすすめ

緑に映える水車が回り涼を感じられる夏の時期がおすすめ。例年、お盆の時期には三連水車のライトアップが行われており、暗闇を照らし、幻想的に浮かび上がる幻の三連水車は必見だ。開催状況は要確認。

散策info　**あさくら観光協会**　☎0946-24-6758
所 福岡県朝倉市甘木1320

行き方

●博多駅からJR鹿児島本線快速で約15分、二日市駅下車、JR二日市から西鉄バス杷木行きで約1時間、菱野下車、朝倉の三連水車まで徒歩約4分
●朝倉ICから朝倉の三連水車まで車で約5分

西鉄電車の場合は西鉄福岡（天神）駅から西鉄天神大牟田線急行で朝倉街道駅まで約20分、朝倉街道駅から西鉄バス杷木行きで約53分、菱野下車。博多駅からは鳥栖JCT経由で車で約50分。

お泊まり情報　朝倉市は福岡県随一の豊富な湯量を誇る原鶴温泉や秋月、甘木など、温泉宿が充実している。

62
和歌山県
かつらぎ町

◆くしかきのさとしこう

串柿の里 四郷

吊るされた串柿の玉暖簾は集落に彩りを添える秋の風物詩

日本を代表する柿の名産地
正月の縁起物・串柿が秋を彩る

昭和33(1958)年に伊都町、妙寺町、見好村が合併し、かつらぎ町が誕生。2005年に花園村が編入し、現在の南北に延びる形となる。北の和泉山脈と南の紀伊山地に挟まれ、年間を通して温暖な気候だが、日中の寒暖差が大きい。この気候を生かし、さまざまなフルーツが生産されており、約450年続く串柿は町の特産だ。

町内には歴史的、文化的な資源も多く、世界文化遺産に登録された丹生都比売神社や、高野山へ続く参詣道にある町石道と三谷坂がかつらぎ町に属する。また、2020年には葛城修験にまつわるストーリーが日本遺産に認定された。

散策info　**かつらぎ町観光協会**　☎0736-22-0300
所 和歌山県かつらぎ町丁ノ町2160

神野阿弥陀堂
こうのあみだどう

日本遺産「葛城修験」の構成文化財のひとつであり、国の登録有形文化財。訪れた修験者たちによる墨書が残されており、阿弥陀如来などの仏像や曼荼羅などの法具も収納されている。

葛城修験
かつらぎしゅげん

和歌山、大阪、奈良の3府県にまたがる山脈の一帯を葛城と呼び、神々が住まう山として崇められていた。修験道の開祖といわれる役行者が初めて修行を積んだ道であり、大峰山とともに修験の二大聖地と称されている。役行者が残した経塚や、ゆかりのある寺社などの行場を巡って行う修行を葛城修験と呼び、その伝統・文化を語るストーリーが日本遺産に認定されている。

広口、滝、東谷、平の4つのエリアからなる四郷地区。軒先に串柿が吊るされる風景は多くの人を魅了している。

ここが自慢です!

450年以上続く四郷地区の串柿作りは、11月上旬～中旬の光景が一番の見頃です。串柿個数には意味があり、10個串の両脇の2個ずつには「いつもニコニコ」、内側の6個には「仲むつまじく」という思いが込められています。

四喜の会　辻本 英貴さん

おでかけどき

串柿を干し始める11月に訪れよう

串柿の加工は10月後半から始まり、吊るされた串柿の景色は11月に入ってからがおすすめ。天気が悪いと屋内にしまわれるので注意。

行き方

●かつらぎ西ICから串柿の里 四郷まで車で約15分
●和歌山駅からJR和歌山線で約45分、笠田駅下車、車で約20分

串柿の里までは公共交通機関で移動するのは難しく、集落の外までは車での移動が望ましい。集落内には駐車場がないため、見学する際は邪魔にならない道の端などに駐車し、集落まで歩いて行こう。大阪方面からは岸和田和泉ICが最寄りだ。

こぼれ話　高野参詣道 町石道

慈尊院から高野山への参詣道のうち最もよく使われた主要道。かつらぎ町、九度山町、高野町を通る。道しるべとして立てられていた朽ちた卒塔婆の代わりとして、主に鎌倉時代に、石造りの五輪塔形の町石が一町(約109m)ごとに建立された。

↑現在も昔の面影を残している町石。梵字で空風火水地を意味する言葉が刻まれている

お泊まり情報　かつらぎ町内には旅館などが点在しているが数が少なく、四郷地区には宿泊施設はない。JR和歌山線沿いが比較的多め。

63
京都府
京都市

◆おおはらのあかしそばたけ

大原の赤しそ畑

比叡山の麓に広がる山里で初夏の棚田が紫色に染まる

ここが自慢です！

大原のしば漬は、ナスと赤しそと塩のみを使用。大原産の高品質の赤しそを用い、調味料を一切使わず、乳酸菌の力を借りてじっくりと熟醸された、素朴で奥深い味わいが特徴の大原の郷土食です。ぜひ一度味わってみてください。
辻しば漬本舗
辻 和豊さん

しば漬
しばづけ

京の三大漬物のひとつであり、赤しその鮮やかな紫色が特徴のしば漬。大原が発祥であり、かつて建礼門院に献上した漬物がたいへん喜ばれ、紫葉漬と命名されたのが名前の由来。

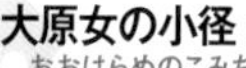

大原女の小径
おおはらめのこみち

寂光院から三千院までを結ぶルート。例年4月下旬に開催される大原女まつりでは、衣装を纏った大原女が歩く姿が春の風物詩となっている。

音無の滝
おとなしのたき

聖応大師良忍上人をはじめとした代々の声明法師がこの滝の前で声明の練習をしたとされ、稽古を重ねると、音が調和し、滝の音が聞こえなくなったという逸話から名がつけられた。

何百年もの間、大原で育てられてきた赤しそ。地形が盆地のため花粉の飛来が少なく、朝露や霧の水分がしその栽培に適しており、現在でも原品種に近い赤しそが生産されている

良質な赤しその産地であり 豊かな自然が今なお残る都の隠れ里

京都市左京区北西部に位置する、約2000人が暮らす里山集落。懐かしさを感じる田園風景が残り、清流にはホタルが生息している。明治16年(1883)に8つの村が合併して大原村となり、さらに明治22年(1889)には4つの村を併合し、昭和24年(1949)に左京区に編入された。かつては福井県の若狭から京都へ海産物を運ぶ若狭街道の中継地点として栄えた。

四方を山に囲まれた盆地で、昼夜の寒暖差が甘みのある野菜を育てる。大原野菜を買うために訪れる観光客もいるほどで、特に根菜類は甘みが強い。特産品である赤しそはしば漬の材料として生産されているが、枝付きのものを購入することもできる。

おでかけどき

赤しそ畑の最盛期は7月初旬～中旬

大原エリアは春夏秋冬それぞれ異なる景色が楽しめる。春は桜並木や菜の花、夏はアジサイや赤しそ畑、秋は三千院や宝泉院の紅葉、冬は雪景色などが見もの。大原女まつりも春と秋に行われる。

行き方

●京都駅から京都市営地下鉄烏丸線で約20分、国際会館駅下車、京都バス19系統大原行きで約24分、終点下車、大原観光保勝会まで徒歩約1分

京都駅や国際会館駅からバスが出ているため、公共交通機関での移動がおすすめ。車で行く場合は真野ICが最寄りとなり、移動時間は20分ほど。各施設には専用駐車場のないところが多いため、有料駐車場を利用しよう。

三千院
さんぜんいん

延暦年間(782～806)に最澄が比叡山東塔南谷に構えたことを起源とし、明治維新後、大原に移築され、1200年以上の歴史を紡いでいる。有清園(ゆうせいえん)と聚碧園(しゅうへきえん)の2つの池泉式庭園は東洋の宝石箱と称され、深緑や紅葉など四季折々の姿を見せる。寺域内には、わらべ地蔵の庭をはじめ、彫刻家・杉村孝氏作のわらべ地蔵が苔のなかで静かにたたずみ、心を和ませる。

こぼれ話 大原ふれあい朝市

里の駅大原では、毎週日曜の6～9時に朝市が開催されている。旬の野菜や加工品、大量に生産されない珍しい品種の野菜が並び、京都市内の料理人が仕入れに来るほど。

↑早朝から多くの人で賑わい、生産者の方との会話も楽しめる

散策info　**大原観光保勝会**　☎075-744-2148
所 京都府京都市左京区大原来迎院町81-2

お泊まり情報　大原エリアには大原温泉が湧き、旅館が3軒ある。公共交通機関での移動もしやすいため、京都駅周辺のホテルや老舗宿もおすすめ。

64
鹿児島県
南九州市

◇ちらんのちゃばたけ

知覧の茶畑

火山活動が生んだ肥沃な土壌が、生産量日本一のお茶を育む

こんもりと若葉色に彩られた畝(うね)が茶畑を覆い春の訪れを告げる

南九州市は鹿児島県薩摩半島の南部に位置し、お茶の生産地で有名な知覧町と風海岸線の景勝地である頴娃町(えいちょう)に、風光明眉な水田が広がる川辺町(かわなべちょう)の3町が合併して2007年に誕生した。

知覧町でお茶の栽培が始まったのは遡ること明治初期。台風被害の多い地域であるが、低木の茶であれば影響が少ないと考え、紅茶品種の栽培が始まった。やがて緑茶品種に変わり、茶葉を刈る大型機械の導入によって生産量は飛躍的に伸びた。水はけの良い黒色火山灰土壌の台地、温暖な気候と豊富な日照により高品質な茶葉が生産され、今では南九州市は市町村単位で日本一の茶の生産量を誇っている。

行き方

●鹿児島中央駅から知覧中心部(知覧武家屋敷庭園群)まで鹿児島交通バス知覧・特攻観音入口行きで約1時間10分、知覧武家屋敷入口下車すぐ
●南九州川辺ICから知覧中心部(知覧武家屋敷庭園群)まで車で約10分

鹿児島市街から知覧武家屋敷庭園群方面へ向かう場合、直行便のバスでアクセスできるほか、JR指宿枕崎線で南へ向かい途中駅でバスに乗り継ぐルートもある。車でのアクセスの場合、薩摩半島を南北に走る指宿スカイラインを通るルートがおすすめ。海と山の景色が車窓から楽しめ、絶景道路として人気だ。知覧中心部(知覧武家屋敷庭園群)から車で15分ほど南下すると、高塚丘(茶ばっけん丘)など、茶畑を見渡す展望台がある。

薩摩富士とよばれる開聞岳と遠くに東シナ海を望む、見晴らしの良い景色が広がる

番所鼻自然公園
ばんどころばなしぜんこうえん

薩摩藩の番所があったことから名付けられた自然公園。伊能忠敬（いのうただたか）が日本地図作成のために立ち寄った際に、「天下の絶景なり」と賞賛したことでも知られる。

ここが自慢です!

南九州市の魅力はなんといっても、お茶。南シナ海を吹き渡る暖かい南風を受けて育つ新茶を4月から摘み始め、藤やツツジの花々が旅人を迎える時季です。知覧町の武家屋敷庭園を散策しながら新茶はいかがですか?
南九州市観光協会　福元さん

知覧武家屋敷庭園群
ちらんぶけやしきていえんぐん

江戸時代中期、18代知覧領主・島津久峰（しまづひさたか）の時代に形成された武士小路区割の名残。約700mにわたり延びる武家屋敷通りと、屋敷庭園が保存されている地区。

射楯兵主神社（釜蓋神社）
いたてつわものぬしじんじゃ（かまふたじんじゃ）

武士道・勝負の神様として畏敬されてきた須佐之男命（すさのおのみこと）をご祭神とする神社。神社の裏にある希望の岬からは開聞岳と夕日を望むことができ、絶景ビュースポットとしても人気。

おでかけどき

鹿児島県南部にあるため通年楽しめる南国の気候
茶畑の景色を見るなら4月がベスト

一年を通して温暖な気候のため、いつ訪れても楽しめる。知覧の茶畑が最も美しく見えるのは、段々畑が黄色く色づき始める4月上旬。新芽を摘み取る1週間前から藁や寒冷紗で覆い日光を遮るかぶせ茶が名物。

散策info
南九州市観光協会　☎0993-58-7577
所 鹿児島県南九州市知覧町郡6198-4
知覧武家屋敷庭園 西郷邸内

お泊まり情報　九州を代表する温泉街・指宿でゆっくりと過ごしたい。番所鼻自然公園の絶景が楽しめる一軒宿のいせえび荘も人気だ。

65

北海道
厚沢部町

◆あっさぶちょうのメークインばたけ

厚沢部町のメークイン畑

豊かな森林と清流が大地を潤す メークイン発祥の地で知られる町

渡島(おしま)半島に位置する厚沢部町は、総面積の80%以上を森林が占めており、農林業を基幹産業としている。

厚沢部の地名の由来はアイヌ語で、「アッ・サム(楡皮・干す処)」「ハチャム・ベツ(桜鳥・川)」といった諸説がある。江戸時代には松前藩の所領となり、本州からヒバの伐採のため林業労働者が渡来。農業を副業とした暮らしが定着し、周辺河川流域の開墾が進められた。昭和38年(1963)に厚沢部町となった。

光黒大豆(ひかりくろだいず)や立茎アスパラガス、蝦夷(えぞ)舞茸などの特産品があるが、なかでも「あっさぶメークイン」が名物。大正14年(1925)から試作を始めた歴史を持ち、煮くずれしにくいので煮物料理に適している。

行き方

●新函館北斗駅から函館バス・江差ターミナル行きで約50分、厚沢部下車
●函館駅から厚沢部町中心部まで車で約1時間15分

公共交通機関でアクセスの場合は、新函館北斗駅が旅の拠点となる。函館駅から厚沢部町を経由し江差町へ至るバスは1日5本なので、事前に時間を確認しておきたい。函館市街から車で訪れる場合は、国道227号(大野国道)で約60kmの道のり。

メークインのおいしさと畑の風景は、心を癒やしてくれる

畑一面をメークインの株が覆う。5月中旬〜6月初旬にかけて薄紅色の花を咲かせる

ここが自慢です!

厚沢部町はメークイン発祥の地で、「あっさぶメークイン」を使ったコロッケは町の名物。毎年夏のイベントで、直径2mを超えるジャンボコロッケを揚げています。大型クレーンと巨大鍋で揚げるシーンは迫力満点です!
厚沢部町イメージキャラクター
おらいも君

おでかけどき

一年を通して極端に暑い日や寒い日は少なく季節ごとの景色や名産品を楽しめる

北海道のなかでも南に位置しているため、冬でも極寒ではなく年間を通して比較的過ごしやすい気温。また、湿度は低く四季がはっきりとしている。ゴルフやキャンプなど屋外のアクティビティを楽しむならサマーシーズンがベスト。旬の食材を求めて訪れるのもよい。

ばん馬競技大会

ばんばきょうぎたいかい

厚沢部町や近隣市町をはじめ道内各地から集まった馬が、最大1tを超えるソリを曳きながら2カ所の急坂が設けられたコースに挑む。ばん馬の巨体と息づかいに会場は興奮に包まれる。

散策info　**厚沢部町政策推進課**　0139-64-3312
所 北海道厚沢部町新町207

お泊まり情報　宿泊施設は町内に数軒。中心部のほか、俄虫温泉やうずら温泉など周辺部にも温泉宿が点在する。

66
静岡県
伊豆市

◆いかだばのわさびだ

筏場のわさび田

1500枚の棚田に湧水が流れ込む伝統的なわさびの栽培

世界農業遺産にも登録された清流沿い、日本有数のわさび産地

修善寺から天城・湯ヶ島方面へ向かう県道59号の途中、天城山系の渓流沿いに、約15ha、1500枚ものわさび田が広がる。延享2年(1745)頃からこの地で始まったとされる栽培は畳石式といわれ、わさびの質と収穫量を安定させた。噴火堆積物の層を抜けた湧水は年間を通して13〜16℃と安定しており、標高350mの気候と合わせてデリケートなわさびの栽培に最適とされる。肥料や農薬を使わないことで、アマゴやハコネサンショウウオ、カワセミなど水生生物の繁殖場所となり、生物多様性をも育んでいる。

この地域はわさび田のほかにも、火山活動による地形と共存してきた土地ならではの風景が広がる。

萬城の滝
ばんじょうのたき

筏場のわさび田から車で約10分の場所にある高さ20m、幅6mの滝。滝つぼの近くまで行くことができ、瀑布の迫力を間近で感じられる。流れ落ちる水を両側から見ることができるため、両想いの滝としても知られる。すぐそばにキャンプ場がある。

周囲に生い茂るハンノキは日差しよけとして重要な役割を担う

ここが自慢です!

私たちが育つわさび田は天城山の渓流沿いにあり、その風景は四季折々たいへん素晴らしいものです。ぜひ一度お越しになって、わさび田の絶景と本物のわさびの味を楽しんでください。大見城址のすぐそばには農林産物直売場の「伊豆大見の郷 季多楽(きたら)」があります。生わさびやわさび漬けなどが人気です。

マスコットキャラクター　わさびのさびちゃん

行き方

●修善寺駅から伊豆箱根バス筏場行きで約30分、終点下車、筏場のわさび田まで徒歩で約30分

●冷川ICから筏場のわさび田まで車で約15分

修善寺駅までは東京駅や横浜駅などから特急踊り子に乗車するのが便利。鉄道の旅をのんびり楽しみたいなら、三島駅から伊豆箱根鉄道駿豆(すんず)線を利用しよう。ローカル鉄道ならではののどかな車窓から富士山が眺められる。車の場合は、熱海峠ICから伊豆スカイラインで約40分の絶景ドライブを楽しみ、冷川ICへ。

おでかけどき

一年中楽しめるわさび田 白い花をつけるのは早春

一年中きれいな空気と豊かな緑が迎えてくれるスポット。気温の変化が穏やかで、夏は涼しく冬は暖かいのも見学するのにうれしい。毎年1～2月には白い花が咲き、この時期だけの景色が楽しめる。

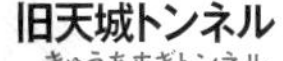

散策info　**伊豆市観光協会 中伊豆支部**

☎0558-83-2636 所 静岡県伊豆市柳瀬252-1

旧天城トンネル

きゅうあまぎトンネル

明治38年(1905)築造、全長445.5mの日本に現存する最長の石造トンネル。小説『伊豆の踊子』や『天城越え』の舞台にも。

大見城址公園

おおみじょうしこうえん

戦国時代の山城を整備した公園で、小規模ながらも優れていると歴史ファンにも評される人気のスポット。堀切、竪堀、曲輪などの当時の構造がわかるようになっている。標高200mの山頂からは富士山や天城連山を望むことができる。

こぼれ話

徳川家康と静岡のわさび

江戸時代に静岡市で始まったわさび栽培。当時駿府城に住んでいた初代将軍・徳川家康にも献上され、天下の逸品と賞賛したことから、門外不出の御法度品となった。

↑家康は独特の風味と家紋に似た葉の形を気に入ったという

お泊まり情報　中伊豆エリアには宿泊施設のほか、日帰り温泉も豊富。多くの文人に愛された歴史ある湯ヶ島温泉は車で45分ほど。

ここにもほっこり風景

親しみあふれる朝市さんぽ

地元の新鮮な野菜や魚介、工芸品などが並ぶローカル朝市。何気ない日常の景色や、店主との会話を楽しみながら、穏やかな朝をスタート。

67 山形県 大蔵村 肘折温泉朝市

◆ひじおりおんせんあさいち

➡開湯1200年を超える昔ながらの温泉街。カランコロンと下駄の音を響かせながらのんびりと朝市を巡る

湯治場として名高い温泉街で
地元のお母さんと挨拶を交わす

県北部の山あいに開かれる肘折温泉の名物朝市。収穫したばかりの新鮮野菜や旬の山菜、キノコが並び、浴衣や下駄履きのままで散策を楽しめる。和やかな地元のお母さんが「どっから来たのやっす」「こりゃ、うんまいよ」と気さくに声をかけてくれ、ふれあいに満ちたのどかな情景が広がる。

散策info ☎0233-76-2211(肘折温泉観光案内所) 所 山形県大蔵村肘折温泉 交 東北中央自動車道・舟形ICから車で35分 時 4月下旬～11月下旬の早朝～7:30 休 12～3月

➡大蔵村で栽培された白かぼちゃ。片手にのるサイズで甘みが多くしっとりとした食感

➡ナスやフキのほか、山芋や大根など地域のお母さんが丹精込めて育てた野菜が並ぶ

68 千葉県 勝浦市 勝浦朝市

◆かつうらあさいち

➡秋になると甘くてみずみずしい梨などのフルーツを販売。選ぶのが楽しい!

安土桃山時代から続く
活気あふれる地元の市場

天正19年(1591)開設、農水産物の交換の場として栄えた港の朝市。日本三大朝市のひとつで、青空マーケットのような雰囲気が心地よい。土・日曜、祝日は約50軒の店が並び、旬の海産物や野菜、ていねいに作られた民芸品を購入できる。自身の山や畑で採れた野菜の味わいや、アレンジ料理も教えてくれる。

➡朝早くから地元のお母さんたちが自家栽培の野菜を並べる。春、夏はトマトやキュウリ、秋、冬は白菜や大根がおすすめ

散策info ☎0470-73-2500(勝浦市観光協会) 所 千葉県勝浦市勝浦175(下本町朝市通り／仲本町朝市通り) 交 JR勝浦駅から徒歩8分 時 6:30頃～11:00頃 休 水曜

69 岐阜県高山市

陣屋前朝市
◆じんやまえあさいち

店開きとともに賑わう江戸情緒が残る陣屋の朝

高山陣屋前の広場で行われる朝市。江戸時代、米市や桑市、花市など複数の市が開かれており、明治時代からは農家のお母さんが野菜を並べるようになった。地元産の新鮮な野菜や果物などの農産物、味噌や餅など、素朴ながらも愛され続ける食材が集まる。

散策info ☎0577-32-3333(高山市観光課) 所 岐阜県高山市八軒町1-5 交 JR高山駅から徒歩10分 時 7:00(1〜3月8:00)〜12:00 休 無休

↓飛騨の方言を交えながら話す地元農家との会話も楽しい

↑飛騨産のカブや白菜などの野菜を手ごろな値段で購入できる人気の朝市

↓地元の農家で収穫したリンゴが並ぶ

70 石川県輪島市

輪島朝市
◆わじまあさいち

元気と人情でおもてなし海の幸が並ぶ由緒ある朝市

三方を海で囲まれた能登半島の恵みが並ぶ朝市。平安時代から市場が開かれていた文献が残り、約1000年以上前から受け継がれている。約360mの朝市通りには、豊かな漁場で水揚げされた魚やカニなどの新鮮な海産物、手作りで一夜干しにした魚の干物などが並ぶ。商店街には伝統工芸・輪島塗の店もあり、店の軒先で漆器や箸などを販売。200以上ある露店をじっくり巡りたい。

散策info ☎0768-22-7653 (午前のみ) 所 石川県輪島市河井町1部115 交 のと里山海道・穴水ICから車で30分 時 8:00〜12:00 休 第2・4水曜

↓カレイのいしる干し。いしるとはイワシに食塩を加え、自然発酵させた魚醤油で、能登地方で愛用されている

↑ノドグロやフグなど1匹ずつていねいに加工された高級魚の干物が並ぶ

↑朝市での営業権利は先祖代々引き継がれており、歴史ある商店が軒を連ねる。魚介や農作物、伝統工芸、雑貨、衣料品など多様な商品が選べるのも魅力

棚田が見せる暮らしの美景

71
福岡県
八女市

◆ほしのむらのたなだ

星野村の棚田

真っ赤な彼岸花が黄金色の棚田を華やかに縁取る山里

↓畦が赤い彼岸花で彩られるのは9月下旬。収穫前の稲穂とのコントラストが見事

↑開けた地形に築かれた鹿里の棚田は、秋になると彼岸花が咲き誇り、黄金に色づいた稲穂との競演が楽しめる

広内・上原地区の棚田
ひろうち・うえはらちくのたなだ

山の急斜面に沿って造られた階段状の田んぼ。精巧な石積みで造られた137段、425枚の棚田は、星野村で最も美しいといわれる。

室山熊野神社
むろやまくまのじんじゃ

星野氏の始祖が建立した神社。参道を上りきると樹齢500年を超えるといわれるご神木の大杉が立つ、八女のパワースポット。

古陶星野焼展示館
ことうほしのやきてんじかん

江戸時代、久留米藩の御用窯として発展した星野焼の展示館。八女茶の産地ということもあり、茶道具などの名品を鑑賞することができる。

山の形と傾斜に沿って造られた美しい階段模様が空へと伸びていく

星野村は福岡県の南東部に位置し、2010年の合併によって誕生した八女市に属するエリア。標高が高く人口密度が低いため星のきれいな場所としても知られている。村の総面積の84%が山林で、標高は200～1000mと村の大部分が急峻な地形になっている。東から西へと流れる星野川に沿って集落が点在、耕地を得るために、急斜面に石積みの棚田が築き上げられた。村内のいたるところで城壁のような石壁に支えられた棚田が連なる風景を見ることができる。なかでも鹿里の棚田はスケールが大きく、9月下旬、収穫時期を迎え稲穂が黄金色に輝く頃、真っ赤な彼岸花が開花して棚田の畦を埋め尽くす。

行き方

- 鳥栖駅からJR鹿児島本線で約20分、羽犬塚駅下車、鹿里の棚田展望所まで車で約50分
- 八女ICから鹿里の棚田展望所まで車で約45分
- 杷木ICから鹿里の棚田展望所まで車で約30分

移動が不便なので車利用がおすすめ。合瀬耳納トンネルの開通により、うきは市からのアクセスが向上した。公共交通機関を利用する場合は、羽犬塚駅から路線バスを乗り継ぐ必要がある。

星の文化館
ほしのぶんかかん

九州最大規模、口径100㎝の天体望遠鏡で星空を観測したり、プラネタリウムを楽しんだりできる公開天文台。宿泊も可能。

茶の文化館
ちゃのぶんかかん

玉露のほか、茶そばや抹茶アイスなどお茶づくしのメニューが楽しめるほか、ほうじ茶づくりなどの体験メニューも用意されている。

ここが自慢です!

急峻な地形に精巧な石積みで作られた棚田。星野村独特の美しい農村風景は訪れる人を魅了します。と同時に、先人たちの苦労を窺い知ることができます。現在では、棚田の大切さや素晴らしさを知ってもらうため、ボランティア団体等の支援連携により棚田を守り続けています。

星野未来塾　井上 茂美さん

こぼれ話　八女伝統本玉露のしずく茶

急峻な山と清流、温暖で雨が多く朝夕の寒暖差が大きい星野村の気候は、茶の栽培に適しており、古くから茶が生産されていたが、明治期に玉露の栽培製法技術を導入して以来、香り高い最高品質の玉露で知られるようになった。しずく茶は星野独特の楽しみ方で、蓋付きの茶碗に玉露の茶葉を入れ、人肌の温度まで冷ました湯を少量注ぎ、何煎も楽しんだあと、最後に茶葉を食す。

温度の異なるお湯で3回楽しむのがしずく茶の作法

おでかけどき

棚田と彼岸花のコラボが楽しめるのは9月下旬の1週間ほど

水を張った田植えの頃、緑濃い夏、収穫を迎える秋と、棚田の風景はどの季節も美しいが、鹿里の棚田が彼岸花で彩られるのは9月下旬。見頃のピークは1週間ほど。空気の澄んだ冬場は星空観察もおすすめ。

散策info　星野村観光協会　☎0943-31-5588
所 福岡県八女市星野村10816-5

お泊まり情報　八女市内には6つのキャンプ場があるほか、市の中心部には手ごろなシティホテルが数軒ある。

72
山口県
長門市

◆ひがしうしろばたのたなだ

東後畑の棚田

棚田の向こうにイカ釣り漁船の漁火が瞬く、幻想的なナイトショー

夕暮れどきに現れる幻想風景
棚田と漁火が波音のなかで競演

長門市油谷地区では約600haにわたって棚田地帯が広がっている。棚田は通常は山間部の斜面に見られるものだが、向津具半島の丘陵地が海岸近くまで迫っているため、日本海を見下ろす一帯に棚田が形成された。海を背景とした棚田風景は貴重な存在で、その美しさから日本の棚田百選にも選ばれている。訪れたいのは水田に満々と水がたたえられる5月中旬～6月上旬。夕日が彼方に沈む時間になると、海上にイカ釣り漁船の漁火が灯り始め、ぼんやりと光る棚田と調和した、幻想的な光景を目にすることができる。近年、休耕地が増加するなか、棚田を花畑として再生するなどの取り組みも進行している。

元乃隅神社
●もとのすみじんじゃ

日本海をバックに123基の鳥居が連なる光景は圧巻。昭和30年（1955）に白狐のお告げにより建立された。

多いときには数十艘の漁船が操業。そのタイミングをうかがって、毎年多くの写真愛好家が集まる

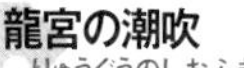

龍宮の潮吹

りゅうぐうのしおふき

縦1m、幅20cmの岩穴から海水が勢いよく吹き上がる自然現象。海が荒れるときほど高く吹き上がるのだとか。

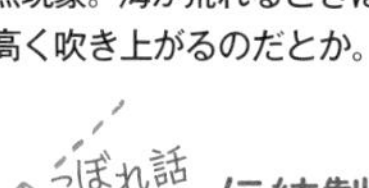

伝統製法で作る仙崎蒲鉾

仙崎は長門市内にある日本海側にある屈指の漁港。仙崎蒲鉾は原料にエソの鮮魚を用い、蒸すのではなく、あぶり焼きする「焼き抜き」という独自の製法で作る。鮮度のよい魚が水揚げされる仙崎ならではの蒲鉾だ。

平たい形状が特徴
写真提供:
長門市観光コンベンション協会

千畳敷

せんじょうじき

日本海を見渡す高台に広がる草原。周辺にはハマユウやツツジなどの花々が咲き彩りを添える。キャンプ場としても人気。

ここが自慢です!

棚田の花段は耕作放棄の再生棚田。棚田と海を見下ろす絶景の広場には叫び台が、棚田にはハーブや小さなブランコがあります。土・日曜にはハンモックに揺られながら季節のジェラートやハーブドリンクなどもお楽しみいただけます。

NPO法人ゆや棚田景観保存会
和田 あい子さん

行き方

●長門市駅から東後畑の棚田まで車で約25分
●美祢ICから東後畑の棚田まで車で約1時間

駐車場は台数に限りがあり、シーズン中の夕方は満車になることが多いので、確実に停めるためには早めに到着したい。鉄道などの公共交通機関を使って行くのは難しい。長門市駅までは厚狭駅からJR美祢線で約1時間。

おでかけどき

**漁火が見られるのは
5月中旬～8月上旬頃**

狙い目は田植えの前後、水が満たされる5月中旬から6月上旬。水面に光が反射して美しい風景をつくりだす。9月以降は漁場が沖に移動するため、漁火が遠くなる。

散策info

長門市観光コンベンション協会
☎0837-27-0074
所 山口県長門市仙崎4297-1 道の駅 センザキッチン観光案内所(YUKUTE内)

お泊まり情報 温泉街のリノベーションが進む長門湯本温泉へは長門市駅から車で約10分。長門市駅周辺にも宿泊施設が数軒ある。

73
新潟県
十日町市

ほしとうげのたなだ

星峠の棚田

豊富な雪解け水に満たされた棚田が幻想的に輝く

豪雪の山あいで人の手が受け継ぐ 豊かな棚田と息をのむほどの美観

新潟県南部、長野県との県境に位置する十日町市松代地区は、大小12を数える棚田群が点在し、一年の3分の1は雪に覆われる豪雪地帯だ。

松代地区を代表する星峠の棚田は、手入れの行き届いた畦に縁取られて並ぶ200枚もの水田が広がっており、風のない晴れた日に水面が空を映す水鏡や、早朝の雲海の景色で名高い。豪雪地帯ならではの豊富な雪解け水は「たねんぼ」という池に溜め、水路の「そよ」を経てほどよい温度で棚田を潤す。晩秋、刈り入れの済んだ田に再び水が張られるのは、乾燥による田のひび割れや畔の崩れを防ぐための、雪国ならではの知恵だ。

行き方

●越後川口駅から十日町駅までJR飯山線で約30分、北越急行ほくほく線でまつだい駅まで約10分、星峠の棚田まで車で約20分

●六日町ICから星峠の棚田まで車で約1時間

六日町ICで下りて国道253号、403号を西に、上越ICからは国道253号を東に走る。鉄道の場合は、越後湯沢駅からJR上越線と北越急行ほくほく線を乗り継いで約50分、まつだい駅で下車、車で約20分。

畦に生える小さな草までていねいに手入れされた棚田に、ミネラル豊富できれいな雪解け水がたっぷり張られる

ここが自慢です!

日本の原風景が数多く残る十日町市。四季折々で移ろう道中の景色もお楽しみください。棚田は私有地なので、田んぼには立ち入らない、ゴミは持ち帰るなど、マナーを守って観賞しましょう。トイレは近隣の公共施設をご利用ください。
松代・松之山温泉観光案内所　数藤さん
写真提供:十日町市観光協会

儀明の棚田と桜
ぎみょうのたなだとさくら

畔に一本桜が立つ「桜の棚田」で有名。水鏡に映る桜や、残雪と満開の桜など、特別な光景が見られることも。星峠の棚田からは車で15分ほど。

こぼれ話

十日町棚田トレッキング

上越市から十日町市をまたぐ上杉軍道を中心に棚田のある村を巡る。私有スポットでの棚田見学や、村の人との交流も体験できる。

約3時間ガイドと歩く

おでかけどき

水鏡や雲海が見られる春や秋がおすすめ

水鏡が見られるのは雪解け後の5～6月と、稲刈り後の11月頃。雲海は6月下旬と9月頃の夜明け前から早朝に現れることが多い。

散策info

松代・松之山温泉観光案内所
025-597-3442
所 新潟県十日町市松代3816-1

お泊まり情報　十日町駅付近のホテル、民宿ほか、松之山温泉郷などに温泉宿がある。松代地区には1日1組限定のツリーキャンプ施設も。

74
和歌山県
有田川町

◆あらぎじま

あらぎ島

半島のような、蛇行する川に沿う土地を生かした珍しい棚田

大自然と人の知恵から生まれ村人を救った有田川のシンボル

和歌山県中央部の山間・清水地区に位置する、全国でも稀な形で名高い棚田。蛇行する有田川の浸食作用によって扇形に形成され、その景観から和歌山県で唯一の日本の棚田百選に選定されている。

明暦元年(1655)、地元の大庄屋・笠松左太夫が村民救済のため、私財を投じて約3㎞の水路と54枚の新田を開墾。昭和28年(1953)に洪水で河川側が流出したが、復興して平成には景観保存会を発足。現在は5軒の農家によって耕作されている。また、付近では江戸時代から昭和初期にかけて紙漉きが盛んであった。保田紙とよばれた和紙は、現在、体験交流工房わらしでその伝統が守られている。

行き方

●有田ICからあらぎ島展望台まで車で約1時間
●和歌山駅からJR紀勢本線で藤並駅まで約40分、有田鉄道バスで約1時間20分、三田下車、あらぎ島展望台まで徒歩すぐ

有田ICから県道22号、国道480号、県道19号を経由、あらぎ島対岸の展望台の駐車場を利用する。公共交通機関でもアクセス可能だが、周辺スポットと併せて観光を楽しむなら、藤並駅から周遊定額タクシーを利用するのも便利。

あらぎ島の北側、川の対岸に設けられた展望所からは、四季折々に姿を変える棚田の全貌を見渡すことができる

生石高原
おいしこうげん

長峰山脈の山上、標高870mに広がる高原。関西随一のススキ野原が有名で、淡路島や六甲山、四国までも見渡せる。

蔵王橋
ざおうばし

有田川の二川ダムに架かる全長160mの赤い吊り橋。春にはダム湖沿いに約1000本の桜が約4kmにかけて咲く。

さがり滝
さがりたき

湯川川上流の湯川渓谷に数ある滝のなかで最大規模を誇る。落差25m、アマゴ釣りや紅葉のスポットとして名高い。

体験交流工房わらし
たいけんこうりゅうこうぼうわらし

江戸時代初期から続く紀州手漉き和紙「保田紙」の技術を継承している工房。保田紙を使用した商品を販売するほか、紙漉きやうちわ作りなども体験できる。

ここが自慢です!

道の駅 あらぎの里では、地元で採れた新鮮な野菜や自家製の豆腐、こんにゃくが購入できます。特産のわさび寿司や山椒の佃煮などもありますのでおみやげにどうぞ! お帰りの際にはしみず温泉で心も体もリフレッシュしてください。
道の駅 あらぎの里　スタッフさん

こぼれ話　紀州手漉き和紙 保田紙

紀州藩主・徳川頼宣(よりのぶ)の命を受けた大庄屋・笠松左太夫が村の美男子3人を吉野に潜入させ、それぞれ紙漉きができる美女を連れ帰ったことが保田紙の始まり。一時400もの漉き屋が軒を連ねた。

おでかけどき
水鏡が見られるのは5月下旬～6月上旬

棚田の水鏡は5月下旬～6月上旬の朝日が昇る時間帯に訪れたい。8月下旬に黄金に色づく刈り入れ前もおすすめ。生石高原のススキ野原は10月中旬～下旬が見頃。

散策info
有田川町清水行政局産業振興室
☎0737-22-7105
所 和歌山県有田川町清水387-1

お泊まり情報　あらぎ島から東へ2kmほどのところにある温泉旅館「しみず温泉あさぎり」がおすすめ。そのほかコテージ、キャンプ場も揃う。

75
徳島県
上勝町

かしはらのたなだ
樫原の棚田

江戸時代から続く風景は国の重要文化的景観に選定

幾重にも重なる圧巻の棚田の数々
人も自然もいきいきと輝く町を見る

徳島県東部に位置する四国一小さな町・上勝町(かみかつちょう)。面積の約89%が山林だ。標高500～700mの山肌に重なり合う棚田の数々が美しく、なかでも樫原の棚田は畦の曲線、段などが評価され、1999年に日本の棚田百選に、2010年には徳島初の国の重要文化的景観に選定された。

上勝町の魅力は美しい自然景観だけにとどまらない。高齢者が中心となり、料理のツマモノを栽培・販売する彩(つまもの)事業「葉っぱビジネス」、ゴミに対する考え方の徹底、分別によって再生資源へと変える「ゼロ・ウェイスト宣言」など、美しい町を未来に残すため、さまざまな取り組みが行われている。

行き方

●徳島空港から樫原の棚田まで車で約1時間30分
●徳島駅から徳島バス勝浦線で横瀬西まで約1時間10分、横瀬西から上勝町営バスで神田まで約40分、神田から樫原の棚田まで徒歩約30分

車の場合は山犬嶽・樫原の棚田専用駐車場を利用する。駐車場から樫原の棚田までは徒歩10分ほど。徳島駅からバスで行く場合は乗り換えが必要。町営バスはフリー乗降制で、停留所以外でもバスのルート上であれば好きな場所で乗降できる。

江戸時代後期に作成された「樫原村分間絵図」に描かれている風景から、200年以上の間土地利用形態がほとんど変わらない珍しい場所だとわかる

府殿の棚田
ふどののたなだ

山の斜面に沿って積み重なる棚田群。面積は約7.8ha。秋になると田んぼの畦道に彼岸花が咲く。

田野々の棚田
たのののたなだ

棚田をLEDライトで縁取ったライトアップイベントが行われることもある。上勝晩茶発祥の地といわれている。

野尻の棚田
のじりのたなだ

野尻谷川の両岸に広がる棚田で、約260年前に引かれた水路が今も使われている。柑橘類や彩(つまもの)などの栽培も盛ん。

ゆこう

上勝町や神山町(かみやまちょう)などの山間部でのみ栽培される酢みかんの一種。クエン酸やアミノ酸を豊富に含み、疲労回復に最適。

山犬嶽
やまいぬたけ

標高997.6mの山。梅雨時期から初夏にかけて水苔が輝く。かつて山頂に山犬が口を開いたような岩石があったことが由来とされている。

ここが自慢です!

山に囲まれている上勝町では、季節の移ろいを自然が教えてくれます。そして、その自然から恵みをいただく昔ながらの暮らしが今も残っています。今でも手植えをするような田んぼもある棚田は黄金色に輝く秋がおすすめです!

一般社団法人ひだまり　菅原 由紀さん

おでかけどき

春は桜、夏は青々と茂る緑 四季の魅力にあふれる町

正木ダム公園の桜や山犬嶽の水苔、水が張られた棚田、実りと紅葉の秋、10月に花を咲かせる十月桜、雪をまとった棚田など、四季を通じて美しい風景に出会える。

散策info　**上勝町役場 産業課**　☎0885-46-0111
所 徳島県上勝町福原下横峯3-1

お泊まり情報　上勝町には天然温泉でくつろげる宿やキャンプ場、おしゃれなグランピング施設、農家民宿などバリエーション豊富な宿が揃う。

76
長野県
白馬村

◆あおにしゅうらくのたなだ

青鬼集落の棚田

銀嶺を映す石積みの棚田の脇に伝統家屋が残る

青鬼神社

あおにじんじゃ

大同元年(806)創建。青鬼集落から北東方向に延びる石段の参道を抜けた先に社殿が建つ。善鬼大明神が祀られている。

大出の吊橋

おおいでのつりばし

青鬼集落の近くを流れる姫川に架かる。美しい清流と白馬連峰、茅葺き屋根の民家など、日本の原風景が凝縮された絶景に出会える。

ここが自慢です!

北アルプスと棚田、伝統的建造物群が織りなす景観は、四季を通じて歴史と自然の美しさを感じることができる後世に守り伝えていくべき貴重な白馬村の財産です。青鬼地区は住民が日常生活を送る小さな集落です。住民の生活に支障をきたすことのないよう、ご理解・ご協力をお願いします。
白馬村
キャラクター
ヴィクトワール・
シュヴァルブラン・
村男Ⅲ世さん

集落一帯は重要伝統的建造物群保存地区に選定されている

茅葺き屋根の家屋と棚田の競演 先人の知恵と工夫を垣間見る

白馬村の北東部、姫川右岸の標高760mの山懐にある青鬼集落。茅葺き屋根の主家が点在し、最古とみられる主屋は19世紀前期のものと考えられている。積雪に備え出桁(だしげた)構造が採用されているのが特徴的だ。集落の東側には長さ約3kmにわたる青鬼堰(あおにせぎ)があり、石垣で形成された約80枚の棚田を潤す。江戸時代末期、松沢太兵衛(まつざわたへえ)、降旗宗右衛門(ふるはたそうえもん)の働きかけにより、青鬼への水路の開削、新田開発の構想が立ち上がり、約3年の歳月をかけ山腹水路が完成、水田が開かれた。毎年4月下旬にはボランティアが参加し山腹水路の維持管理作業が行われ、貴重な財産や美しい風景を未来へつないでいく取り組みが行われている。

伝統家屋
でんとうかおく

江戸時代末期から近代にかけ建てられた主屋が並ぶ。中二階の建物は2階の壁面を白にする意匠で統一し、西欧の古民家を思わせる造り。

行き方

●安曇野ICから青鬼集落まで車で約1時間20分
●白馬駅から青鬼集落まで車で約20分
公共交通機関でのアクセス方法はないので、白馬駅から車、信濃森上駅から徒歩で1時間、もしくは安曇野ICから車でアクセス。途中くねくねとした山道を上る。青鬼集落駐車場から徒歩5分。駐車場利用の際は協力金500円を支払う。白馬駅までは長野駅から特急バスで1時間10分。松本駅からJR大糸線普通で約1時間40分。

野平の一本桜
のたいらのいっぽんざくら

青鬼集落から車で約15分。白馬村東部の山腹で、残雪の白馬連峰を背景に凛とたたずむ。例年4月下旬から5月上旬に見頃を迎える。

おでかけどき

水田に残雪の残る山々が反射する幻想的な春

田んぼに水が張られ、その背景にうっすらと雪化粧した北アルプスがたたずむ風景に出会える春がベスト。夏の新緑、秋の紅葉もチェックしたい。

こぼれ話 語り継がれる「お善鬼様」伝説

かつて隣村で人々を苦しめていた鬼が青鬼村へ現れ、村の発展に貢献するようになり神の使い「お善鬼様」として青鬼神社に祀られた。今も青鬼神社では火揉みの神事などが行われている。

お善鬼様を祀る青鬼神社

散策info 白馬村観光局 ☎0261-85-4210
所 長野県白馬村北城5497
(スノーピークランドステーション白馬内)

お泊まり情報 集落の周辺には宿がないので、南下して白馬や大町、松本まで戻り、大型リゾートホテルや温泉宿で宿泊するのがおすすめ。

77
佐賀県
唐津市

◇おおうらのたなだ

大浦の棚田

集落と伊万里湾を見下ろして山肌を這い上がる約1000枚の棚田

↑水が張られるとよりいっそう美しさが増す

⬆洪水や土砂崩れといった災害を防ぐ役割も担う大浦の棚田。周辺の小さな見晴らし台から見下ろす緑豊かな棚田は必見

浜野浦の棚田

はまのうらのたなだ

佐賀県玄海町にある玄界灘に面する棚田。日暮れどき、夕日が約280枚の田にリフレクションするさまが美しい。恋人の聖地としても有名で、展望台にはエターナルロックという鐘のモニュメントも。

駄竹(入野)の棚田

たちく(いりの)のたなだ

唐津市肥前町に位置し、海岸に面し夕日で赤く染まり、撮影スポットでも人気。この地ではシラスがよく獲れることでも有名。

いろは島

いろはじま

伊万里湾に浮かぶ、およそ48の島々の総称。かつて弘法大師がこの地を訪れた際、あまりの美しさに筆を投げたという言い伝えが残る。

稲作発祥の地がある半島には海を望む多様な棚田が残っている

佐賀県の北西部に位置する唐津市。肥前町や呼子町など6つの町と2つの村を擁する都市で、海に囲まれた土地柄ウニやイカなどの新鮮な魚介類が獲れるほか、日本酒の醸造でも有名。

唐津市は日本で最初に稲作文化が伝わったとされる。例えば菜畑遺跡は縄文時代に造られた日本最古の水稲耕作遺跡だ。東松浦半島には、現在も清らかな水と海に面した丘陵のある土地を生かし、多くの棚田が点在している。なかでも肥前町の大浦の棚田は伊万里湾に面し3つの集落をまたぐ棚田で、その数約1000枚。鎌倉～江戸時代にかけて造られ、かつては藩の献上米を作っていた歴史も。

行き方

●博多駅から福岡市営地下鉄空港線・JR筑肥線で約1時間30分、唐津駅下車、唐津バスセンターから昭和バス有浦線で約30分、万賀里川入口下車、大浦の棚田展望台まで徒歩約15分

●唐津駅から大浦の棚田展望台まで車で約20分

博多駅～唐津駅間の福岡市営地下鉄空港線・JR筑肥線は乗り換え不要の直通電車が運行。1時間に1～2本程度。唐津バスセンターは唐津駅から徒歩5分のところにある。浜野浦の棚田へは唐津バスセンターから昭和バス有浦線金の手行きで約35分、終点で玄海エネルギーパーク行きに乗り換えて約15分、浜野浦の棚田で下車。

呼子の朝市
よぶこのあさいち

100年以上続く歴史ある朝市。玄海灘で獲れたウニのほか、呼子名物・イカの一夜干しなどを毎朝地元の人たちが販売。

↑獲れたばかりの新鮮なイカを干している光景が呼子の港ではよく見られる。丸い回転式のイカ乾燥機も呼子名物

ここが自慢です!

佐賀県唐津市は玄界灘に面する市で、唐津くんち、唐津焼、名城、絶景、食、伝統文化・芸能と数々の史跡、雄大な自然の恵みが訪れる人を魅了します。ぜひ唐津にお越しください。

唐津城マスコットキャラクター
唐ワンくん

七ツ釜
ななつがま

玄界灘の波が玄武岩を削ったことによってできた海蝕洞。遊覧船で洞窟を間近に見られる。

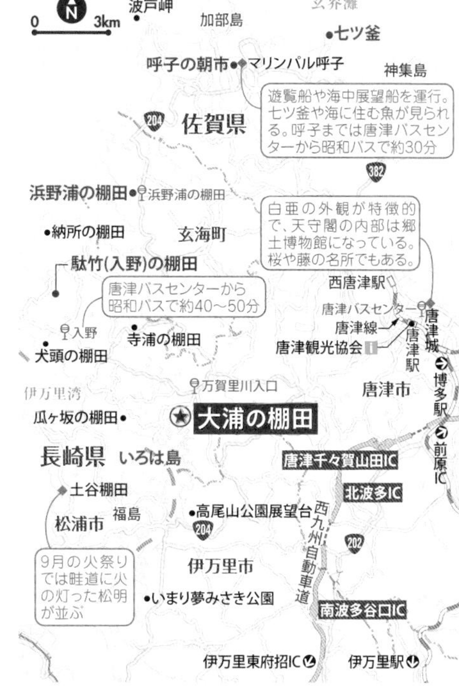

おでかけどき

田に水が張られる春は季節の花やイベントにも注目

大浦の棚田は4月頃が田植えのシーズン。近くではボタンや芍薬の花も見頃を迎える。毎年5月には、棚田周辺を歩いてまわるイベント、肥前町棚田ウォークが開催される(有料)。昼食には地元の棚田米で作られた伝統料理が食べられる。

こぼれ話 唐津の街に生きる伝統

唐津は唐津焼やお祭りでも有名。国の伝統的工芸品にも指定されている唐津焼は16世紀に朝鮮交易をきっかけに広まったとされ、現在も多くの窯元がある。窯元ごとの特色豊かな器を見るのも楽しい。唐津くんちは、江戸時代から伝わる唐津市の伝統行事。唐津神社を起点として、毎年11月2～4日に華やかな14台の曳山が市内を練り歩く。

↑形となるものに幾重にも和紙などを貼り、その上から漆を塗った曳山

散策info 唐津観光協会 ☎0955-74-3355
所 佐賀県唐津市新興町2935-1

お泊まり情報 唐津駅周辺に旅館やホテルが数軒点在。イカの活き造りが食べられるところや温泉宿も。呼子町にも旅館が数軒ある。

78
福井県
高浜町

◆ひびきのたなだ

日引の棚田

陽を浴びる棚田が若狭の海とともに美景をつくる

漁業が盛んな町とともに暮らす 日本の棚田百選にも選定された

福井県最西端に位置する高浜町。発掘された奈良時代の木簡に高浜町の寿司についての記載があり、それが寿司にまつわる最古の言及であることから寿司の発祥地といわれ、若狭（わかさ）たかはま鮨の名の下、地域活性化にも取り組んでいる。高浜町北西部の日引地区は、内浦湾に面した人口約70人の小さな集落。若狭ふぐの養殖が盛んで、近くの港では休日に釣りを楽しむ人も見られる。

日引の棚田にある田の数は200枚と規模こそ大きくないが、自然災害防止に大きな役割を果たしている。日引地区は地すべりが多く発生するが、棚田と人々の日々の見回りによって未然に防いでいる。

行き方

●東舞鶴駅から日引の棚田まで車で約25分
●大飯高浜ICから日引の棚田まで車で約40分
京都駅から鉄道で向かう場合は、特急まいづるの東舞鶴行きに乗車し約1時間35分、終点下車。東舞鶴駅でレンタカーを借りることができる。敦賀駅方面から向かう場合は小浜線で若狭高浜駅まで向かおう。1～2時間に1本の運行で、所要約1時間40分。若狭高浜駅から車で約25分で日引の棚田に到着。漁港に有料駐車場がある。明鏡洞のある城山公園へは若狭高浜駅から徒歩で15分。

高浜町は青くて透明な海も自慢! 海水浴で賑わう夏以外も、約7㎞にわたり海沿いに整備された遊歩道をゆったり散歩やサイクリングがおすすめ! 潮風を感じながら絵になる風景が楽しめますよ!
高浜町マスコットキャラクター
赤ふん坊や

おでかけどき……

約7万株のさまざまな品種の芝桜が見事

町南部の横津海地区では、2011年から地域住民の手によって育てられている芝桜(写真)が見られる。見頃は4月中旬～5月上旬だ。

明鏡洞
めいきょうどう

城山公園内にある高浜町の名勝・高浜八穴のひとつ。四季折々の表情が楽しめ、穴からは水平線の美しい景色が望める。

青葉山
あおばやま

若狭富士とも呼ばれ、東峰(693m)と西峰(692m)の2つからなる山。ハイキングなどにも人気のスポットだ。夕景は日本の夕陽百選にも選ばれるほどの美しさ。

若狭和田キャンプ場
わかさわだキャンプじょう

若狭和田ビーチのすぐ横にあり、設備が整い、年中オープンしているキャンプ場。ソロキャンパーから家族連れまで人気のスポット。

こぼれ話

日本海の恵み、若狭ふぐ

若狭湾で獲れるトラフグのことで、旬は11～3月。身がしまっておりプリプリとした弾力や歯ごたえが特徴。てっさと呼ばれる刺身で食べたり、白子の部分も美味。

てっさは一枚一枚に厚みがある

散策info　若狭高浜観光協会　☎0770-72-0338
所 福井県高浜町宮崎77-1-8

お泊まり情報　日引の棚田のある内浦湾沿いには新鮮な魚介がいただける宿や、オーシャンビューが自慢の宿がある。

地元で愛される華やかな舞を見る
時代を超えて息づく郷土芸能

郷土の音楽と舞踊、伝統や神話が厳かに表現される能と歌舞伎。町の風土や歴史を反映した神事や娯楽など、地域になじむ形式で受け継がれている。地域の芸術が披露される舞台は圧巻。

能は世界最古の舞台芸術 神社の祭礼で優雅に奉納

神楽や能、歌舞伎、人形芝居など、日本各地で大切に受け継がれる郷土芸能。能は室町時代に観阿弥・世阿弥親子が大成させた舞台芸能で、中央から日本各地へ伝播した。能面と豪華な装束をまとう演者が、謡や囃子とともに幽玄な舞で物語を演じる。郷土能は主に神社の神事で行われる。主役を演じるシテ方には観世流、宝生流など5流派があるが、独自の様式で伝えられる地域もある。有名な演目は『道成寺』『羽衣』『高砂』『土蜘蛛』など。

↑大膳神社では4月18日の祭礼には奉納能、6月には能と鷺流狂言が上演される

↑田園風景に囲まれて根付いた定能。能舞台が盛んであった国仲四所の御能場のひとつ

おひねりが舞い声が飛ぶ 観客一帯で楽しむ地歌舞伎

歌舞伎は江戸初期に出雲の阿国が演じた滑稽な『かぶき踊り』が起源とされ、江戸中期に男性のみが演じる現代の形態が確立した。隈取の派手な化粧や見得など独特の所作、回り舞台などの多彩な演出が魅力。中央で人気を呼んだ歌舞伎は巡業で各地へ広まり、農民が演じる地歌舞伎が生まれる。今も多くの町村で大切に伝承されるが、過疎化による担い手不足が課題だ。『義経千本桜』や『仮名手本忠臣蔵』などの時代ものが多く演じられる。

新潟県佐渡市

79 大膳神社薪能
◆だいぜんじんじゃたきぎのう

佐渡に現存する最古の能舞台

幕末再建の茅葺き屋根の能舞台で、毎年6月に行われる薪能。全国3カ所のみに伝わる鷺流狂言も上演される。かがり火に照らされた舞台は幻想的。

☎0259-27-5000(佐渡観光情報案内所)
所 新潟県佐渡市竹田562-1(大膳神社)

↑茅葺き寄棟造りの能舞台は県の有形民俗文化財に指定されている

↑江戸時代から長く愛される地歌舞伎。肥土山地区の住民たちが輪番制で運営している

←町民や観光客など多くの観客が集まり、娯楽の時間を過ごす

香川県土庄町

80 肥土山農村歌舞伎
◆ひとやまのうそんかぶき

江戸時代から伝わる歌舞伎文化

貞享3年(1686)、蛙子池の完成を祝い、芝居を催したのがきっかけで始まったといわれる。毎年5月3日に開催され、青天井の芝生にムシロを敷いて、気楽に地歌舞伎を鑑賞できるのがうれしい。

☎なし 所 香川県土庄町肥土山甲2303

宮城県仙台市

81 大崎八幡宮能神楽

◆おおさきはちまんぐうのうかぐら

氏子が舞う上品な神楽

大崎八幡宮の9月の例大祭で行われる能神楽。修験者・法印が県北に広めた法印神楽と神社の神事の特徴を併せ持つ格調高い芸風の神楽として知られる。

☎022-214-8892（仙台市教育委員会文化財課） 所 宮城県仙台市青葉区八幡4-6-1

➡江戸時代から続く格調高い異伝の法印（ほういん）神楽

⬆神話や神社の縁起を能風に仕組んだ神能。写真は「八重垣」の舞

島根県松江市

82 佐陀神能

◆さだしんのう

厳かな社の古伝祭を見学

佐太神社の古伝祭で、9月に行う御座替祭で舞われる神楽。儀式舞である七座神事、能楽の影響を受けた式三番、神能の3部で構成される。2011年、ユネスコ無形文化遺産に登録された。

⬆『出雲国風土記』にも登場する佐太神社の主祭神・佐太大神

☎0852-82-0668（佐太神社） 所 島根県松江市鹿島町佐陀宮内73

埼玉県小鹿野町

83 小鹿野歌舞伎

◆おがのかぶき

屋台歌舞伎が有名

約220年前に、江戸歌舞伎をもとに始まった地芝居。常設舞台のほか、祭り山車に張り出す芸座・花道で演じる屋台歌舞伎がある。

⬇役者、義太夫、裏方など、スタッフのすべてが地元衆

☎0494-75-0063（小鹿野文化センター社会教育課） 所 埼玉県小鹿野町小鹿野167-1

⬆重要文化財に指定されている長野県最古の木造建築である福徳寺薬師堂

長野県大鹿村

84 大鹿歌舞伎

◆おおしかかぶき

独創性あふれる演目

300余年前から行われていた大衆歌舞伎。独特の演目や舞台装置、演出、演技で人気が高い。春に大磧神社舞台、秋に市場神社舞台で開催。

☎0265-39-2100（大鹿村役場教育委員会） 所 長野県大鹿村大河原391-2

和歌山県那智勝浦町

85 那智の田楽

◆なちのでんがく

庶民に親しまれた田楽

熊野那智大社の例大祭で、室町時代から続く田植えの舞などの田楽舞を奉納している。

⬆「大和舞」「田楽舞」「田植舞」など笛の音や古風な演技法が残る

☎0735-52-6153（那智勝浦観光機構事務局） 所 和歌山県那智勝浦町那智山1

⬇黒川能野外能楽「水焔の能」。野外で行われ、水面に映し出される能楽とかがり火の揺らめきを楽しめる

⬅縁起は口伝として、平安時代に清和天皇が黒川に訪れたとき、人々に能を伝えられたことが始まりといわれる

山形県鶴岡市

86 黒川能

◆くろかわのう

独自の能文化を育む

鶴岡市黒川の春日神社の氏子が舞う神事能。古式を残す演目、舞い方など独特の芸風が魅力。

☎0235-57-5310（黒川能保存会） 住 山形県鶴岡市黒川宮の下253

87
長野県
阿智村

◆はなもものさと
花桃の里

赤、白、ピンク、3色のグラデーションが美しい山間の桃源郷

春には月川温泉郷を流れる本谷川の両岸に5000本の花桃が咲き誇る

スタービレッジ阿智
●スタービレッジあち
標高1400mのヘブンスそのはら山頂広場では、日本一の星空を観察できるナイトツアーを実施。星空の解説や映像演出などイベントエリアも用意されている。

人々の思いを継いだ花桃が彩り 名湯が湧き星空が輝く癒やしの里

長野県の南端、岐阜県との県境にある阿智村は、春になると桃源郷のごとく村を彩る花桃の名所となる。その歴史は、大正11年(1922)にドイツのミュンヘンから持ち帰った3本の木に始まる。花桃とは、実のなる桃とは別種の観賞用の桃の花。大きな花弁や美しい色あいに魅了された人から人へと渡り、昭和から平成までの間に、国道256号沿いや清内路地区、月川温泉郷一帯へと数を増して植栽され、今や1万本を数える花の里となった。

古くから温泉地としても名高い阿智村は、複雑に入り組む山々が街の光を遮り、日本一きれいな星空が見える村としても近年注目されている。

行き方

●飯田山本ICから花桃の里まで車で約25分
●園原ICから花桃の里まで車で約5分
●飯田駅から信南交通バス駒場線で昼神温泉郷まで約40分、花桃の里まで車で約10分

東京方面から車でアクセスする際は飯田山本ICから国道153・256号、県道89号を経由。名古屋方面からは園原ICから県道89号、県道477号を南下する。公共交通機関利用の際は、花桃の里まで直接向かうバスはないため、昼神温泉郷バス停などからタクシーを利用しよう。

駒つなぎの桜
こまつなぎのさくら

水田の脇に立つ樹齢400～500年の一本桜。源義経が奥州に落ちのびる際に立ち寄り、馬をつないだと伝わるエドヒガン桜で、田んぼの水鏡に映る姿や夜のライトアップは必見だ。

治部坂高原
じぶさかこうげん

標高1187mにあるスキー場のゲレンデを利用した100万本の花が咲くコスモスガーデンが圧巻。春のレンゲツツジや、秋の紅葉も見どころ。

極楽峠パノラマパーク
ごくらくとうげパノラマパーク

標高1283mの下條山脈の頂上から伊那盆地を一望できる。古くから下條方面と東海地方を結んだ東山道の間道で、早朝に雲海が見られることも。

こぼれ話 南信最大の温泉郷・昼神温泉

国内有数の高アルカリ性を誇る昼神温泉。硫黄と塩分を含み、シミ予防や保温・保湿、さらには活性酸素の除去も実証された癒やしの温泉だ。

↑阿智川沿いに温泉宿が集まる

ここが自慢です!

赤白ピンクと鮮やかに咲く花桃、満天に広がる日本一の星、四季折々の景色が訪れた方を魅了してくれます。目で楽しんでもらったあとは昼神温泉で心も体もゆっくりとおくつろぎください。 みなさまのお越しをお待ちしております。

阿智☆昼神観光局
太田さん

おでかけどき

花桃が美しく色づく4月中旬から5月中旬頃

国道256号沿いは4月中旬が桜、花桃は中旬～下旬、昼神温泉付近は4月中旬～下旬、月川温泉一帯は4月下旬～5月中旬が見頃。

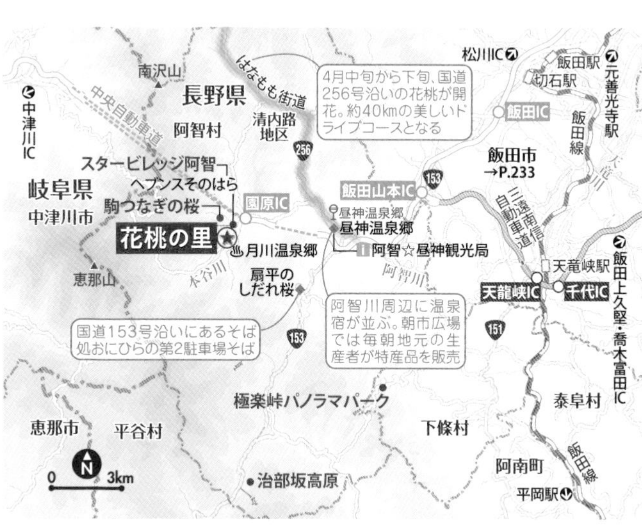

散策info
阿智☆昼神観光局
☎0265-43-3001
所 長野県郡阿智村智里338-25

お泊まり情報 花桃の並木が広がる月川温泉と、阿智川沿いの昼神温泉一帯にそれぞれ温泉旅館やホテルが立ち並ぶ。

88
福島県
喜多方市

さんのくらこうげん
三ノ倉高原

ゲレンデを埋め尽くすひまわりが醸す黄色い華やぎ

会津盆地を一望する高原の賑わい
喜多方の夏の風物詩・ひまわりが咲く

冬場はスキー客で賑わう三ノ倉スキー場のゲレンデが花畑として整備され、春は菜の花、夏には約250万本のひまわりが花開く。壮大な自然のなかに広がる黄色い花の絨毯は息をのむほどに美しい。見晴らしの丘には幸福の鐘が設置され、訪れる人はそれぞれ願いを込めて鳴らしていく。花畑から喜多方市中心部までは車で約20分ほど。多くの蔵が現存しており、蔵巡りもこの町の楽しみのひとつだ。古くから醸造業が盛んで貯蔵用等として活用していたが、大火に見舞われた際に防火性の高さが見直されたことと、蔵を建てることをひとつのステイタスとする風潮が生まれたことで蔵が急増したという。

行き方

●郡山駅からJR磐越西線で約1時間20分、会津若松駅で乗り換えて約20分、喜多方駅下車、三ノ倉高原まで車で約20分
●会津若松ICから三ノ倉高原まで車で約38分
約500台の駐車スペースがあり、花畑整備のための協力金あり。新潟方面からの場合は、新潟中央JCTから会津若松ICまで車で約1時間10分、新津駅からJR磐越西線で喜多方駅まで約2時間10分。

写真提供:喜多方観光物産協会

空の青と周辺の緑のなかで、明るいひまわりが際立つ夏らしい風景

おたづき蔵通り
おたづきくらどおり

豊富な伏流水に恵まれて酒、味噌、醤油の醸造業が発展した地区。土蔵が残る町並みは必見だ。写真の小原酒造 蔵粋(くらしっく)は、モーツァルトを聴かせて醸造した酒が話題に。

レトロ横丁商店街
レトロよこちょうしょうてんがい

古くから市が立って栄えた地区で、今でも個性的な店舗蔵が軒を連ねている。写真は豪華さがきわだつ旧甲斐家蔵住宅。

日中線しだれ桜並木
にっちゅうせんしだれざくらなみき

昭和59年(1984)に廃線になった日中線の跡地に、約1000本のしだれ桜が咲き誇る。見頃は4月中旬～下旬。SLの展示も。

ここが自慢です！

三ノ倉高原は、会津盆地の壮大な景色が一望できる絶景パノラマスポットです。夜には、満天の星を見ることができ、また秋から冬にかけては雲海が見られます。大自然を満喫できる三ノ倉高原へぜひ足を運んでみてください。
喜多方市熱塩加納総合支所
産業建設課　後藤 拓矢さん

こぼれ話　喜多方ラーメンのルーツ

大正時代に、中国からやってきた青年が屋台で手作りの支那そばを売り出したのが、喜多方ラーメンのルーツといわれている。その後市内の食堂で提供するようになり、喜多方の特産品へと成長していった。麺は平打ち太麺、スープは透明な豚骨スープが基本であっさりした味わい。醤油味が基本だが、塩や味噌味を提供する店もある。喜多方には朝食にラーメンを食す「朝ラー」と呼ばれる独自の文化が根付いており、朝食の時間帯に営業しているラーメン店も数多い。

熟成多加水麺を使用し、コシが強く太めの縮れた平打ち麺が特徴

おでかけどき
ひまわりの見頃は8月上旬～下旬

喜多方には花のスポットが数多くあり、四季折々の自然の風景が堪能できる。三ノ倉高原の花の開花時期は、菜の花畑が5月中旬～下旬、ひまわり畑が8月上旬～下旬。開花状況を確認してから出かけたい。

散策info　喜多方市観光交流課　☎0241-24-5237
所 福島県喜多方市御清水東7244-2

お泊まり情報　三ノ倉高原から車で約10分ほどの熱塩温泉や日中温泉に温泉宿があるほか、喜多方市内には手ごろな料金の旅館や民宿がある。

89
長野県
箕輪町

あかそばのさと

赤そばの里

遊休地に活気をもたらした日本でも珍しい赤そばの花畑

東京ドームほどの広さの畑に深紅の花が咲き乱れる秋

そばといえば白い花を思い浮かべるが、箕輪町では赤い花が咲くそばを栽培している。そばの原産地は中国・雲南省からヒマラヤにかけてといわれているが、箕輪町の赤そばは、昭和62年(1987)ヒマラヤの標高約3800mの場所から信州大学の教授らが持ち帰って品種改良し、高嶺ルビーと名付けたもの。農地の遊休地の活用と名物作りのため、1997年に耕作を始めたのが赤そばの里だ。花は赤いが、味は普通のそばと大きな違いはない。そばの花が満開になる秋には、約4.2haほどの広さの畑が高嶺ルビーの花に覆われて赤く染まり、多くの観光客やカメラマンが訪れる。

行き方

●岡谷駅からJR飯田線で約35分、伊那松島駅下車、赤そばの里まで車で約10分
●伊北ICから赤そばの里まで車で約10分
車で赤そばの里を目指す際は、カーナビは箕輪西小学校に設定するとよい。一般車両の無料駐車場(75台)から赤そばの里までは徒歩約12分。土・日曜、祝日には臨時駐車場もオープンする。赤そばの里までは徒歩約15分。新宿や大阪からの高速バスが停車する中央道箕輪バス停からはタクシーで10分。赤そばの里から南東へ徒歩15分のところに上古田のヘブンリーブルーがある。

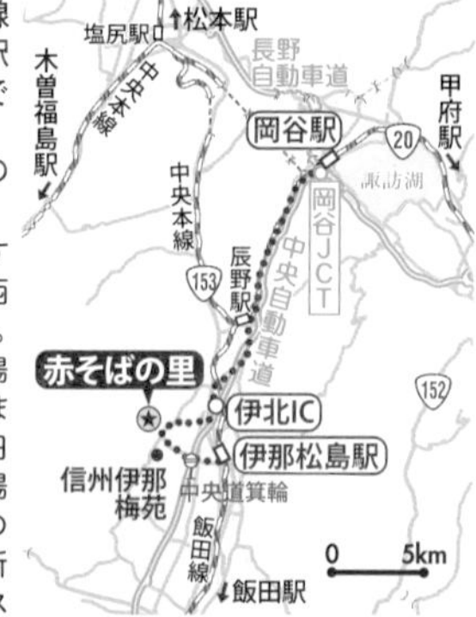

現在、遊歩道や駐車場などの整備や管理は、上古田地区の有志による「古田の里 赤そばの会」が行っている

上古田のヘブンリーブルー

かみふるたのヘブンリーブルー

ヘブンリーブルーは鮮やかなブルーが清楚で美しい西洋アサガオ。8月下旬～9月下旬頃、ブルーの大ぶりの花が畑一面を覆い尽くす。

写真提供:箕輪町観光協会

信州伊那梅苑

しんしゅういなばいえん

3月下旬～4月下旬頃、約2万坪の広大な敷地に38種約7000本の梅が花開き、そのあと桃や八重桜が見頃を迎える。

ここが自慢です!

秋の箕輪町は、赤そばの里が9月末から10月上旬頃までピンクの絨毯に染まり、10月末から11月上旬には、1万本のモミジが紅葉シーズンを迎えます。じゃらんnet全国おすすめ紅葉スポットランキングで、2020年、2021年と2年連続全国1位を獲得した絶景がみなさまをお迎えしています。

箕輪町イメージキャラクター　もみじちゃん

おでかけどき

赤そばの開花に合わせて出かけよう

花の見頃は9月中旬～10月中旬だが、満開になるのは、例年9月末の前後1週間くらいのことが多い。赤そば花祭りではそばの試食やそば打ち体験などのイベントが行われる。

散策info　**箕輪町観光協会**　☎0265-79-3171
所 長野県箕輪町中箕輪10298

お泊まり情報　箕輪町内には旅館、シティホテル、ゲストハウスなど、比較的手ごろでさまざまなタイプの宿泊施設がある。

90
北海道
美瑛町

◆びえいのおか
びえいの丘

↑四季彩の丘では、春から秋にかけて数十種類の草花が咲く。美瑛でも標高の高い場所にあるため、見晴らしも抜群だ

パッチワークの路

●パッチワークのみち

美瑛北西部の農地の広がる丘陵地に続く道。ケンとメリーの木、親子の木、セブンスターの木などCMなどに登場したビューポイントが点在。

どこまでも続くやさしい丘の上で 四季の彩り、大地の躍動を感じて

ゆるやかにうねり、複雑に重なり合うなだらかな丘陵地が広がる美瑛町。四角い耕地が色合いを変えて並ぶ景色はパッチワークに例えられる。そのなかで、ひときわ鮮やかなパッチワークの一片が四季彩の丘。チューリップやルピナス、ひまわりなどの季節の花が14haの園内に咲き誇り、色とりどりの絨毯を紡ぎ出す。花畑の向こうには緑の丘が連なり、十勝岳(とかちだけ)連峰のパノラマとともに絵になる風景を見せる。美瑛駅から観光列車に乗れば、富良野のラベンダー畑へも1時間以内で行くことができる。北の大地の豊かな恵みと季節の彩り、そして放歌的な開放感をじっくりと堪能したい。

➡ケンとメリーの木として知られるポプラの木。波のようにうねる丘陵地帯に広がるルピナス花畑の奥にたたずむ

おでかけどき

春から夏への移ろいが魅力

6～8月は花畑がピークを迎え、7月中はラベンダーが最盛期に。7月上旬から、びえいの丘ではジャガイモの花が咲き始め、7～8月には小麦が収穫期となり麦稈(ばっかん)ロールが現れる。

行き方

●旭川空港からふらのバスラベンダー号で約15分、美瑛駅下車、JR富良野線に乗り換えて約7分、美馬牛(びばうし)駅下車、四季彩の丘まで徒歩約25分

●旭川空港から四季彩の丘まで車で約30分

美瑛では駅でレンタサイクルを利用するか、空港からのレンタカー利用が便利だ。駐輪場所に困らない自転車は丘巡りにも活躍。坂が多いので電動自転車がおすすめ。美瑛駅、美馬牛駅周辺で借りられる。白金青い池や四季彩の丘など、人気のスポットを巡る美遊バスも運行している。旭川駅からはJR富良野線で美瑛駅まで約35分。

こぼれ話 富良野・美瑛ノロッコ号に乗る

大きな窓から花畑や丘の風景を満喫できる観光列車。夏と秋限定で旭川と美瑛、富良野を結び、ファーム富田近くのラベンダー畑駅にも臨時で停車する。

営 7月上旬～9月下旬(秋は土・日曜、祝日のみ)1日3往復※変動あり 料 富良野～美瑛間750円

⬆美瑛駅～美馬牛駅などの見どころでは速度を落として景色を楽しめる

ファーム富田

ファームとみた

ラベンダー観光の先駆け的存在。早春から秋まで、色鮮やかな花が広大な園内を飾る。なかでも真夏の7月中旬頃はラベンダーが花盛りだ。

白金青い池

しろがねあおいいけ

美瑛の市街地から白金温泉へ向かう途中の森の中にある。真っ青な池に立ち枯れの木が何本もたたずむ風景は神秘的。

ここが自慢です!

四季彩の丘は昼から15時くらいまで混雑するので、午前中の来園がおすすめ。花畑のほかに、33頭のアルパカがいるアルパカ牧場も人気です。美瑛産生乳を使ったオリジナルソフトクリームや揚げたてコロッケもおいしいですよ。

四季彩の丘マスコットキャラクター　ロール君

散策info

四季の情報館（美瑛町観光協会）
☎0166-92-4378
所 北海道美瑛町本町1-2-14

四季彩の丘 ☎0166-95-2758
所 北海道美瑛町新星第三　時 9:00～17:00（11·3月は～16:30、12～2月は～16:00）6～9月8:30～18:00　料 500円（7～9月のみ。各種のりもの等は別途有料）　休 無休

お泊まり情報　美瑛町中心部は多彩な宿が、丘陵地にはペンションが点在。白金温泉には温泉宿が数軒ある。

91
愛知県
田原市

あつみはんとうのなのはな

渥美半島の菜の花

古来より人の営みがあった地を一面の菜の花が彩る

癒やしの花と輝く海沿いの道をゆき 人と環境が共生する町づくりを知る

愛知県の最南端、太平洋に面し、東西に延びる渥美半島を黄色く彩る風景に出会えるのは毎年1～3月の期間限定。海岸線を車で走れば、美しい海と花に囲まれた絶景を堪能できる。吉胡（よしご）・伊川津（いかわづ）・保美（ほび）の三大貝塚をはじめとした数々の遺跡の発掘により、旧石器時代より人々が暮らしていたとされる渥美半島。江戸時代には松尾芭蕉が、明治時代には柳田國男がこの地を訪れ、伊良湖岬や恋路ヶ浜は島崎藤村の叙情詩『椰子の実』のモチーフともいわれる。一年中温暖な気候に恵まれた田原市を走る国道42・259号は、渥美半島菜の花浪漫街道と呼ばれる約60㎞のルートで、全国に144ある日本風景街道のひとつ。

行き方

●豊川ICから伊良湖岬まで車で約1時間45分
●豊橋駅から豊鉄バス伊良湖本線で約1時間30分、保美下車、伊良湖岬行きに乗り換えて約25分、終点下車すぐ

渥美半島の最寄りICは豊川IC。そこから国道151・259・1号を経由して田原市へ。田原市から伊良湖岬までは国道42号で約45分。豊鉄バスを利用する際は、豊橋鉄道で三河田原駅まで向かってから乗車する方法もある。2～3月の土・日曜、祝日には、伊良湖岬と菜の花畑を往復し、無料で利用できる菜の花シャトルが運行（1日6便）。

田原市の花でもある菜の花。約25ha、1200万本の菜の花が植えられている

太平洋ロングビーチ
たいへいようロングビーチ

サーフィンのメッカ。毎年6～7月にはアカウミガメが産卵にやってくる。ヤシの木が南国ムードを漂わせている。

伊良湖岬灯台
いらごみさきとうだい

昭和4年(1929)に建てられた渥美半島の先端に立つ白亜の灯台。三島由紀夫の『潮騒』の舞台・神島も見渡せる。

恋路ヶ浜
こいじがはま

太平洋沿いに約1㎞のびる砂浜。江戸時代から和歌に詠われるほどの美しさ。恋人の聖地としても人気を集めている。

日出の石門
ひいのせきもん

長い年月をかけて太平洋の荒波に浸食された洞穴。恋路ヶ浜や日出園地から石門と日の出、夕日の絶景を望める。

蔵王山展望台
ざおうさんてんぼうだい

4階の展望台フロアからは田原の町を一望できる。天気のよい日は遠くに富士山が望める。夜のライトアップも注目だ。

おでかけどき

菜の花が咲き誇る1～3月 渥美半島菜の花まつりも

毎年1～3月には渥美半島菜の花まつりが開催され、菜の花狩りや菜の花グルメなど楽しみが満載。3～5月に砂浜を彩るハマヒルガオも見もの。美しい初日の出が望めるので年の初めにぜひ訪れたい。

ここが自慢です!

太平洋、三河湾、伊勢湾と三方を海で囲まれた、海の恵み豊かな渥美半島。みなさんにぜひご賞味いただきたいのがオオアサリ! 恋路ヶ浜周辺では気軽に味わえるお店もたくさんありますよ。
愛知県観光協会　峯田さん

散策info　**渥美半島観光ビューロー**　☎0531-23-3516
所 愛知県田原市東赤石5-74

お泊まり情報　渥美半島には老舗旅館からリーズナブルな宿までバリエーション豊かな宿が揃う。料理や部屋からの眺めなど、好みに合わせて選択を。

92
徳島県
吉野川市

◆たかかいのいしづみ

高開の石積み

芝桜が鮮やかにデコレーションする春の風物詩

空へと続く石積みに咲き誇る カラフルな芝桜は圧巻の美しさ

徳島県北部・吉野川の南岸に位置する吉野川市は、清流の水と良質の有機肥料を使用して育てた米の産地として知られ、自然豊かな町が広がる。四国山地に隣接し、高越山をはじめ急峻な山々が連なっている。なかでも美郷では、急峻な土地に農地を開き家を構えてきたため、段々畑や家を守る石積みが発達した。美しい石積みは、建設や修復を繰り返し守られており、地区の生活を支えている。美郷の大神地区内で最も高い場所である高開は通称ソラと呼ばれ、石積みに芝桜が咲く珍しい景色を観賞できる。石積みに力強く根を張る芝桜のほか、石積みの段畑には豆やネギ、ミカンの木なども植えられている。

行き方

●徳島駅からJR徳島線で約1時間、阿波山川駅下車、高開の石積みまで車で約20分
●脇町ICから高開の石積みまで車で約30分

阿波山川駅からは吉野川市代替バス循環線宮倉回りで10分、平(たいら)バス停下車すぐ。一番高い石積みである高開の石積みまでは平バス停から徒歩45分程度。歩きやすい服装や靴で訪れたい。バスは1日4本と本数が少なく、駅からタクシーや車を利用するのがおすすめ。脇町ICまでは鳴門JCTから車で40分。

春の高開石積みシバザクラまつりには多くの観光客が訪れ、2009年には、にほんの里100選に選出された

船窪つつじ公園
ふなくぼつつじこうえん

5月中旬から下旬にかけて、朱色のオンツツジが咲く。推定樹齢300年を超え、国指定の天然記念物となっている。

善入寺島のひまわり畑
ぜんにゅうじとうのひまわりばたけ

吉野川にある無人島・善入寺島に広がるひまわり畑。河口から約30㎞の地点に位置し、約500haの華やかな風景が続く。

美郷のホタル
みさとのホタル

美郷地域のゲンジボタルは、昭和45年(1970)に国の天然記念物に指定されている。川田川沿いに建つ美郷ほたる館では、資料展示や研究、飼育を行っている。

チェリーロード

川島町から美郷へつながる県道43号。のどかな吉野川市内の景色を一望できる。約30㎞の道沿いには桜の木が並び、美郷在住の村田芳久氏が長年植樹を続けている。

高開石積みシバザクラまつり、花見ウォークを通して花見ガイドを行っています。300年続く石積みは花の時期だけでなく年中通して一見の価値あり。美郷ほたる館で観光案内もしています。観光スポットや花の見頃、グルメや名産まで、町のことなら何でも聞いてくださいね!

美郷ほたる館館長　武田 彰仁さん

おでかけどき

芝桜は4月中旬が見頃 町にあふれる花の名所巡りも◎

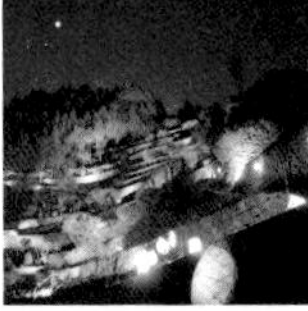

毎年3月下旬～4月下旬は高開石積みシバザクラまつりが行われ、可憐な芝桜を見学できる。12月には石積みのライトアップも行われ、花の季節以外も町歩きを楽しめるのが魅力。

散策info

吉野川市商工観光課 ☎0883-22-2226
所 徳島県吉野川市鴨島町鴨島115-1
美郷宝さがし探検隊 ☎0883-43-2888
所 徳島県吉野川市美郷宗田82(美郷ほたる館)

お泊まり情報　穴吹駅や鴨島駅など、JR徳島線沿線の駅周辺にビジネスホテルや旅館がある。吉野川対岸の美馬市脇町には町家の宿が並ぶ。

93
秋田県
男鹿市

◆うんしょうじのアジサイ

雲昌寺のアジサイ

青いアジサイが歴史ある寺院の和情緒を演出する

にほんの里100選にも選出された 愛情を注ぎ育てた麗しいアジサイ

日本海に突き出した男鹿半島を持つ男鹿市は、男鹿のナマハゲの民俗行事が伝承される地として知られる。寒風山や入道崎など、緑と海の景勝地が点在する町で、近年注目を集めているアジサイ寺の雲昌寺。副住職・古仲宗雲氏が15年におよぶ歳月を費やし、手塩にかけて育てたアジサイが咲く。境内を埋め尽くすアジサイの群生は青一色にこだわり、元はたった1株から株分けしたものが1500株以上に広がった。1株につく花の数が多い独自のアジサイで、満開の頃には一面が青色に染まる絶景が話題となっている。アジサイの奥には北浦の港町や日本海を見ることができ、雲昌寺独自の風景をつくりだしている。

行き方

●秋田駅からJR男鹿線で約55分、男鹿駅下車、男鹿市内路線バス男鹿水族館行きで約33分、北浦下車、雲昌寺まで徒歩4分

●昭和男鹿半島ICから雲昌寺まで車で約35分

男鹿駅からは路線バスのほか、タクシー、またはなまはげシャトルバス(男鹿半島あいのりタクシー)を利用。主要観光地を巡るにも便利で、雲昌寺へは、例年アジサイ期間限定で運行する。席数に限りがあるので、公式HPで予約を忘れずに。男鹿駅から発着し、1日5便程度(時期により異なる)。期間外は個人タクシーの利用が基本となるので注意。

ブルーに統一して栽培されたアジサイは、まさに絨毯のように一面に咲き誇り、訪れた人を魅了する

入道崎
にゅうどうざき

男鹿半島から産出される安山岩で造形される断崖絶壁の景勝地。青い空と日本海の絶景が広がり、のどかな芝生から大パノラマを眺めることができる。

ゴジラ岩
ゴジラいわ

男鹿の南西端、門前地区の潮瀬崎（しおせざき）にある岩場。夕景時は、まるでゴジラが火を吹くような光景が見られ、写真スポットになっている。

寒風山
かんぷうざん

斜面の多くが芝生で覆われた、男鹿半島を一望できる山。周辺はパラグライダーのメッカとしても知られ、頂上には回転展望台がある。

ここが自慢です!

雲昌寺参りもアジサイを見ることも、ともに人の心を元気にしてくれます。アジサイと海と空の、青の共演を観賞しながらぜひお参りください。ほかにも寒風山でのパラグライダーや、なまはげ館、男鹿真山伝承館では本物のナマハゲと会う男鹿ならではの体験を楽しんでください。

雲昌寺副住職　古仲 宗雲さん

こぼれ話　男鹿のナマハゲ行事

男鹿には、ナマハゲが怠け心を戒め、無病息災や田畑の実り、海山の幸をもたらす神として集落の家を訪れる風習が残る。「泣ぐ子はいねがー、怠け者はいねがー」と声を出しながら巡り、迎える家では、昔から伝わる作法により料理や酒を準備して丁重にもてなす。男鹿市内のナマハゲ行事は大晦日の晩に行われる。

2018年、ユネスコ無形文化遺産に登録、伝承されている

おでかけどき

アジサイの満開時期は例年6月下旬頃がベスト

6月中頃から7月上旬にかけてが見頃のアジサイ。特に満開時期の6月下旬は一面ブルーの世界が広がる。日中はもちろん、夕映えに照らされたアジサイも趣がある。

散策info

男鹿駅観光案内所　0185-24-2100
所 秋田県男鹿市船川港船川新浜町1-1（男鹿駅舎内）
雲昌寺　0185-33-2537
所 秋田県男鹿市北浦57

お泊まり情報　男鹿半島での宿泊は男鹿温泉郷へ。保湿効果が高い湯が特徴で、元湯 雄山閣など郷土芸能なまはげ太鼓の披露を行う宿もある。

94
北海道
湧別町

かみゆうべつチューリップこうえん

かみゆうべつチューリップ公園

春を迎えるとカラフルに変貌するチューリップの町

可憐なチューリップに魅せられ町を動かした人々の熱い思い

北海道北東部・オホーツク海沿岸の湧別町に広がる道内有数のチューリップの名所だ。

チューリップは、17世紀にヨーロッパ経済を動かすほどのブームを呼んだ花。少ない面積の農地でも収益増が見込めるチューリップで「夢を見よう」と、昭和32年(1957)に町を挙げて栽培を開始。一時は全道一の生産・輸出量を誇ったが昭和41年(1966)にオランダの球根が世界市場で値を下げ、町内の生産農家の多くが撤退する。しかし町民に愛され続け農地の片隅に整然と植えられたチューリップが再び人々に注目され始めたのをきっかけに「後世に残そう」と呼びかけが起き、上湧別町のシンボルとして復活した。

行き方

●北見東ICからかみゆうべつチューリップ公園まで車で約1時間10分

●旭川駅からJR石北本線特急で遠軽駅まで約2時間。北海道北見バス湧別・紋別線で約20分、チューリップ公園下車すぐ

北見東ICから国道333・239号を経由。網走駅からは国道239号を西へ走り約1時間30分。公共交通機関を利用する際は、最寄りの遠軽駅からバス利用となる。

作付け面積7haの農地に200品種70万本ものチューリップが咲き、毎年新種も披露される

ワッカ原生花園
ワッカげんせいかえん

オホーツク海とサロマ湖を分ける砂州に広がる海岸草原。20kmにわたってハマナスなど300種類以上の海浜植物が自生する。

鶴沼原生花園
つるぬまげんせいかえん

サロマ湖西岸の、サンゴ草と呼ばれるアッケシソウの群生地。秋には2万㎡の塩湿地一帯が深紅に染まる光景が見られる。

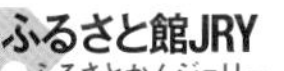

ふるさと館JRY
ふるさとかんジェリー

明治期に入植し、町を築いた屯田兵の開拓史を伝える博物館。100年前の屯田兵屋や日常道具の見学ができる。チューリップ公園に隣接する。

サロマ湖展望台
サロマこてんぼうだい

標高376mの幌岩山山頂に設置され、オホーツク海とサロマ湖を一望できる。天気の良い日には知床連山も見渡せる。

ここが自慢です!

湧別町は豊かな自然、チューリップが咲くかみゆうべつチューリップ公園、湧別原野に育つ玉ネギなどの農作物、良質な乳製品、オホーツク海産の海産物など山海の幸に恵まれております。みなさんのお越しをお待ちしております。

湧別町観光協会　伊藤さん

おでかけどき

チューリップが咲き誇る 5月～6月上旬

5月1日～6月上旬は毎年チューリップフェアを開催。オランダ民族衣装の貸し出しや、チューリップの掘り取りも楽しめる。花の見頃は5月中旬～下旬。鶴沼原生花園のサンゴ草は10月上旬～中旬、ワッカ原生花園は6～7月に最盛期を迎える。

こぼれ話

レトロな廃線跡

1989年に廃線となったJR名寄線・湧網線の旧中湧別駅跡。駅票や時計が当時の面影を伝える。

鉄道資料館で実際に使われていた駅構内の施設を展示

散策info　湧別町観光協会　☎01586-8-7611
所 北海道湧別町栄町112-13

お泊まり情報　湧別町に数軒の民宿、旅館がある。サロマ湖周辺には眺望の良いホテルも点在。網走周辺のホテルなども利用しやすい。

95
東京都
檜原村

ひのはらむらのへんぼりバスてい

檜原村の人里バス停

沿道に植えられた桜が彩る、つづら折りの檜原街道

奥多摩の山里をピンクに染める 村人が見守り育てる自慢の桜

東京都(島しょ部を除く)で唯一の村である檜原村は、村面積の90%以上が森林に覆われている。一帯には滝や奇岩など景勝地が多くあり、行楽シーズンにはアウトドア愛好者やサイクリスト、三頭山(みとうさん)へ向かうハイカーなどで賑わいをみせる。

人里(へんぼり)バス停へは車の場合、武蔵五日市駅から南秋川沿いに延びる都道33・206号を数馬方面に走り40分ほど。バス停の背後にある2本の立派な八重紅枝垂れ桜は昭和43年(1968)の花いっぱい運動で植樹されたもので(諸説あり)、レトロなバス待合所を包み込むようにして咲く様子は風情がある。周辺には同時期植樹された桜も多く、訪れる人々を楽しませてくれる。

行き方

●新宿駅からJR中央本線・五日市線(立川駅または拝島駅で乗り換え)で武蔵五日市駅まで約1時間15分。武蔵五日市駅から西東京バス数馬行きで約50分、人里下車すぐ
●あきる野ICから人里バス停まで車で約50分

土・日曜、祝日は新宿駅〜武蔵五日市駅を結ぶホリデー快速が運行(運行日要確認)。武蔵五日市駅から数馬方面へのバスは週末10便ほど。車の場合、ハイシーズンの週末は周辺道路が混雑しがちだ。

開花状況はfacebookで更新されている。https://ja-jp.facebook.com/henborinosakura/

奥多摩湖
おくたまこ

檜原村に隣接する奥多摩町に位置する総貯水量1億8000万の人造湖。湖面には2本のドラム缶橋（通称）が架かる。周辺にはレジャースポットが多い。

檜原都民の森
ひのはらとみんのもり

8つのハイキングコースが整備されていて、標高1531ｍの三頭山へも到達することができる。

払沢の滝
ほっさわのたき

4段に分かれた滝で、全長約60m、奥行き約50m。都内で唯一、日本の滝百選に選定されている。

こぼれ話 人里もみじの里の活動

「100年先も人が暮らせる里」を目指し、人里地区では地元有志が針葉樹を伐採し、桜やツツジ、モミジなどを植樹する活動を続けている。原木椎茸も栽培中。

↑切り開いた山で植樹を続ける

ここが自慢です!

檜原村は東京都とは思えないほど自然豊かな里山で、春は花と新緑、夏は清流での川遊び、秋は紅葉、冬は氷瀑など、季節ごとの魅力も豊富にあり、特産品のおいしいジャガイモも自慢です!
檜原村公式キャラクター
ひのじゃがくん

おでかけどき

桜の開花は都心より遅く村内でも標高によりさまざま

人里地区は標高が高いので、桜の開花時期も都心に比べると1週間ほど遅くなる。桜の時季以外でも、奥多摩一帯では新緑から紅葉まで、すがすがしい景色を楽しむことができる。

郷土資料館
きょうどしりょうかん

檜原村の歴史資料、出土品、生活道具などを展示。里山の暮らしを知ることができる。

散策info 檜原村観光協会
☎042-598-0069 所 東京都檜原村403

お泊まり情報 数馬地区には兜造りで知られる蛇の湯温泉 たから荘や、三頭山荘がある。檜原街道周辺にはキャンプ場も多い。

96
山梨県
笛吹市

こうふぼんちのもものはな
甲府盆地の桃の花

春の訪れを告げる、約20万本の桃の木が山の新緑を待つ

↑桃畑の名所のひとつである桃の里 憩いの森公園。高台にあり、桃畑と甲府盆地を同時に見下ろすことができる。花見台という展望台もあり、こちらからの眺望もおすすめ　※桃の里 憩いの森公園までは農道を通るため、農家の方の邪魔にならないように注意

新道峠
しんどうとうげ

笛吹市と富士河口湖町の境にある。展望デッキFUJIYAMAツインテラスからは富士山と河口湖のバランスが素晴らしい景色を見ることができ、撮影スポットとして人気を集める。

春日居の桃
かすがいのもも

山梨県は桃の生産量が日本一。笛吹市も主な産地であり、そのなかでも春日居町の桃は品質が高く、高値で取り引きされる。

石和·春日居温泉郷
いさわ·かすがい おんせんきょう

ブドウ園から湧き出た高温の湯が、川に流れ込み誕生した青空温泉が石和温泉の始まり。石和温泉駅の前には足湯もある。

敷き詰められたピンクの絨毯
甲府盆地の春を彩る桃の里

甲府盆地の東側に位置する笛吹市。桃とブドウの生産量が日本一であり、笛吹川周辺の扇状地から山麓まで果樹地帯がゆるやかに広がる。春先に開花する桃の花は桜よりも色が濃く、甲府盆地を鮮やかな桃色に染める。市内には眺望スポットが各所にあり、八代町には約300本の桜と同時に観賞できる八代ふるさと公園、御坂町には菜の花と桃の花の共演が楽しめる花鳥の里スポーツ広場、一宮町には甲府盆地と南アルプスを背景に桃の花が見下ろせる桃の里 憩いの森公園など、それぞれ趣が異なり、開花の状況にあわせてスポットを巡るのも楽しい。八代ふるさと公園では、開花時期にあわせて甲州蚕影桜（こうしゅうこかげざくら）の夜間ライトアップも行われている。

おでかけどき

桃の花が咲く3月下旬～4月中旬が見頃

桃の花を見るなら3月下旬～4月中旬がベスト。市内のいたるところにピンクの花が咲き誇る。フルーツ狩りも楽しむことができ、桃は7～8月、ブドウは8～10月に旬を迎える。

行き方

●一宮御坂ICから桃の里 憩いの森公園まで車で約15分

桃の里 憩いの森公園まで公共交通機関での移動は難しい。一宮御坂ICから約5kmで、車での移動が望ましい。レンタカーを利用する際は山梨市駅や石和温泉駅からの利用がおすすめ。

ここが自慢です!

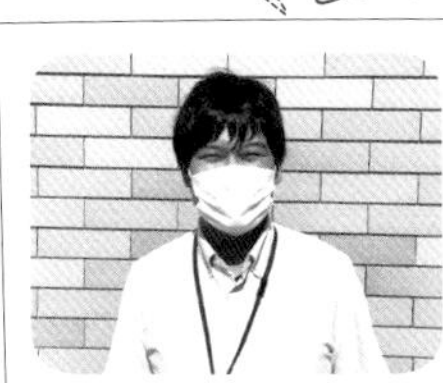

山梨県笛吹市は桃・ブドウの生産量が日本一を誇る果樹王国です。また、県内最大級の石和・春日居温泉郷や富士山を一望できるFUJIYAMAツインテラスなど、多くの観光スポットが点在する魅力あふれる街です。

笛吹市観光商工課　小林さん

こぼれ話　山梨の代表銘菓・桔梗信玄餅

笛吹市に本社を構える桔梗屋の和菓子。お盆の時期に仏前へ安倍川もちを供えるという当時の習慣を参考に、昭和43年(1968)に誕生。工場も本社に併設し見学が可能。

↑ひとつひとつ風呂敷で包まれており、付属の黒蜜をかけていただく　写真提供:株式会社桔梗屋

※工場見学は休止している場合あり

笛吹川石和鵜飼
ふえふきがわいさわうかい

石和温泉の夏の風物詩である伝統漁。800年以上の歴史があり、暗がりの中で船に乗らずに川の中を歩いて鵜を操り、魚を捕る徒歩鵜（かちう）を実演する。鵜匠体験も行っている。

散策info　笛吹市観光商工課　☎055-261-2034
所 山梨県笛吹市石和町市部777

お泊まり情報　宿泊するなら石和・春日居温泉郷の温泉宿。そのほかにも石和温泉駅の周辺にはホテルが点在しており、宿泊施設は豊富。

町の魅力やストーリーを再発信！

日本遺産として受け継ぐ伝統産業

文化庁が認定する「日本遺産（Japan Heritage）」は、地域の歴史や特色を伝承し、日本古来の魅力を地域の活性化につなげる取り組み。地域全体で守り抜く貴重な産業や技術を未来につなぎたい。

日本遺産として残したい 地方文化を伝える伝統産業

漆器や陶磁器、染織物など、日本各地には明治時代以前から受け継がれる伝統産業が豊富にある。その多くは熟練の技と手間をかけ、家内工業的に小規模で作られる。日本の明治以降に始まった急激な近代化と海外輸入品の拡大は安価な大量生産品を膨大に生み、今では伝統産業の多くが危機的状況にある。文化庁の認定する日本遺産は、日本各地の歴史や伝統文化の魅力を広く発信するために設けられた。多くの伝統産業も含まれており、地域活性化に果たす役割が期待される。新製品開発や流通改革など、生産者側の努力も日々続けられている。

肌ざわりのよい国産オーガニックの繊維になる繭玉

養蚕農家が軒を連ねる赤岩地区の静かな家並み

群馬県中之条町

遺産名 かかあ天下ーぐんまの絹物語ー

97 赤岩地区の養蚕

◆あかいわちくのようさん

027-226-2326（群馬県地域創生部文化振興課）

近代に栄えた養蚕集落

幕末には養蚕が行われ、生糸の輸出が盛んになった明治から昭和40年（1965）頃には集落の主要産業に発展。担い手となった女性たちが集落の生活を支えた。養蚕農家の大型家屋が今も通りに並び、かつての繁栄ぶりを伝えている。

地元で生成された漆を塗って作る浄法寺漆器

岩手県二戸市・八幡平市

遺産名 “奥南部”漆物語～安比川流域に受け継がれる伝統技術～

98 奥南部の漆

◆おくなんぶのうるし

漆林での漆掻き。1本の原木から採取できる漆は約200mℓほど

一貫生産を行う漆の郷

二戸市と八幡平市にまたがる安比川流域は、上流域に木地師、中流域に塗師、下流域で漆掻き職人が暮らし、地域一体で漆生産を行ってきた。なかでも良質な浄法寺漆は、日光東照宮など国宝建築の修復に活用されている。

0195-23-3115（二戸市政策推進課）

安比川流域にある大自然豊かな安比高原

山形県山形市ほか
遺産名 山寺が支えた紅花文化

99 紅花染め
◆べにばなぞめ

最上川流域に広がる紅花畑

山形県中部の村山地域は紅花の産地。比叡山と縁が深い山寺(宝珠山立石寺)が近江商人をこの地に惹きつけたことなどをきっかけに、江戸時代に紅花交易で栄えた。化学染料の普及で栽培量は減ったが、今も工房などで紅花染め製品を生産している。

↑7月の梅雨の時季から梅雨明けにかけて丸く黄色の花を咲かせる

→慈覚大師を開祖とする山寺の五大堂。松尾芭蕉ゆかりの地で奥の細道の旅で天童から山寺へ向かう道中、「まゆはきを俤にして紅粉の花」と詠んだ

→紅餅で鮮やかに染色された織物。最盛期の江戸時代には北前船で酒田から京都まで運ばれた

☎023-630-3342(山形県観光文化スポーツ部文化振興・文化財活用課)

↑ジャパンブルーの色彩は繊細ながらもあたたかみを感じる風合いで人々を魅了する

徳島県藍住町・徳島市ほか
遺産名 藍のふるさと 阿波
～日本中を染め上げた至高の青を訪ねて～

100 阿波藍染め
◆あわあいぞめ

良質な藍を全国に広める

徳島県北部の吉野川流域は日本一の藍染料の産地。江戸時代には本藍と呼ばれる良質な藍染料が莫大な利益を生み、藍住町や徳島市を中心に、藍商人や藍師が豪華な藍屋敷を構えた。昔ながらの技法で生産され、工場での藍染体験もできる。

↑古庄染工場では、古庄紀治氏が伝統を受け継いでいる

☎088-637-3128(藍住町教育委員会社会教育課)／088-621-5417(徳島市教育委員会社会教育課)

↓古庄染工場では自然界の材料のみで藍液を作る天然灰汁発酵建てによる藍染め体験ができる

↓藍住町にある藍の館。藍商人だった奥村家の屋敷の一部で阿波藍を栽培、製造していた

山里秘境に湧く湯のけむり

101
秋田県
仙北市

◆にゅうとうおんせんきょう・くろゆおんせん

乳頭温泉郷・黒湯温泉

秋田の秘境の地に乳白色の個性あふれる湯が湧く

⬆乳頭温泉郷のなかでも豊富な湯量が自慢の黒湯温泉（11月上旬〜4月中旬まで冬季休業あり）。大自然と一体になれる露天風呂が魅力

異なる泉質の温泉を一度に楽しめる 活火山の山奥に位置する温泉郷

秋田県東部中央にあり、ほぼ中心に田沢湖が広がる仙北市は、緑に囲まれた歴史ある町。県を代表する観光名所・角館の武家屋敷や、田沢湖と渓流のさわやかな絶景が続く。町には湯情緒漂う乳頭温泉郷があり、鶴の湯、妙乃湯、黒湯温泉、蟹場温泉、孫六温泉、大釜温泉、休暇村乳頭温泉郷の7湯でリラックスできる。乳白色のとろりとした湯や茶褐色のにごり湯など、それぞれが異なる泉質を持つ。なかでも黒湯温泉は、乳頭温泉郷の奥地にある秘湯。延宝2年(1674)に発見された湯で、杉の皮葺き屋根の宿舎や湯小屋が軒を連ね、野趣あふれる入浴ができる。

散策info

仙北市田沢湖観光情報センター「フォレイク」
0187-43-2111
所 秋田県仙北市田沢湖生保内男坂68
仙北市観光情報センター「角館駅前蔵」
0187-54-2700
所 秋田県仙北市角館町上菅沢394-2

●田沢湖駅から羽後交通バス乳頭温泉行きで約45分、休暇村乳頭温泉郷下車、黒湯温泉まで徒歩約25分
●大曲ICから黒湯温泉まで車で約1時間20分

秋田駅からは秋田新幹線で大曲駅、角館駅を経由して田沢湖駅へ。盛岡駅からは秋田新幹線で田沢湖駅まで約35分だ。乳頭温泉郷へはバスか車を利用する。

おでかけどき

降り積もる雪を眺めて入浴 乳頭温泉郷の冬景色

山あいの豪雪地帯だが、鶴の湯(写真)では深々と積もる雪の風景を眺めながら熱いお湯に浸かる極上の時間を過ごせる。4月下旬～5月上旬は角館桜まつり、10月下旬～11月上旬は抱返り渓谷の紅葉が美しく、季節の移ろいに合わせて訪れたい。

抱返り渓谷
だきかえりけいこく

田沢湖と角館を流れる全長10kmの渓谷。以前は狭く険しい山道として知られていたが、何度も振り返って見たくなるほど美しい回顧の滝や紅葉が見もの。

田沢湖
たざわこ

瑠璃色の澄んだ湖面と、たつこ姫の伝説が残る神秘の湖。水深423.4mと日本一の深さで、大自然を生かしたレイクスポーツや史跡巡りが人気。

ここが自慢です!

新緑や紅葉など、美しい自然に囲まれた山あいの温泉郷。7つの源泉それぞれに個性があり、滞在中は異なる湯船に入れるのが魅力です! 温泉郷宿泊者用に各宿1回の入浴料と周遊バス・湯めぐり号一日乗車券が付いた湯めぐり帖、日帰り入浴者用に湯めぐり号一日乗車券が付いた湯めぐりマップを用意しています。お気に入りのお湯を探してみてください。
田沢湖マスコットキャラクター　たっこちゃん

鶴の湯
つるのゆ

乳頭温泉郷のなかで最も古い歴史を持つ温泉宿。秋田藩主の湯治場となった由緒ある温泉で、乳白色の湯が特徴。警護の武士が詰めた茅葺き屋根の長屋「本陣」が残されている。

角館歴史村・青柳家
かくのだてれきしむら・あおやぎけ

みちのくの小京都として親しまれる角館の武家屋敷。伝統ある名家の屋敷には、回遊式庭園や和カフェ、みやげ店も備える。

お泊まり情報　7つの源泉と8つの宿がある乳頭温泉郷。宿では名物・芋鍋やきりたんぽ、地元の山菜やキノコを使用した滋味深い料理が並ぶ。

102
新潟県
魚沼市

◆きんざんだいらおんせん

銀山平温泉

北ノ又川のせせらぎをたどれば、人里離れた閑静な温泉地

清らかな自然の力が生んだ 静寂を保つのどかな秘湯へ

魚沼産コシヒカリなどの産地として名高く、日本屈指の米どころといわれる魚沼市は広大な田園風景が続くのどかな地。中心部から東側には、越後駒ヶ岳や中ノ岳などの堂々たる山が連なり、南魚沼市の八海山を含めて越後三山と呼ばれる。

魚沼市奥只見の奥地にひっそりとたたずむ銀山平温泉は、雄大な自然に包まれた温泉地。江戸時代には銀山の麓の宿として栄え、緑深い秘境としても知られる。越後三山の登山客や紅葉狩りなど、旅の疲れを癒やす静かな宿が6軒並び、アルカリ性単純温泉の肌にやさしいお湯を堪能できる。立ち寄り湯の銀山平温泉白銀の湯など、気軽に楽しみたい。

行き方

●長岡駅からJR上越線で約35分、小出駅下車、銀山平温泉まで車で約1時間

●小出ICから銀山平温泉まで車で約55分

銀山平温泉までは公共交通機関が多くないため車移動が中心。魚沼市の主要駅となる小出駅から国道352号を経由する。小出駅までは上越新幹線の越後湯沢駅や浦佐駅からJR上越線でアクセスできる。期間限定で、浦佐駅東口から銀山平、奥只見まで向かう南越後観光バスが発着。運行本数は年度、季節によって異なる。

山間に現れる秘境の地にある温泉街。三角屋根の統一された建物が並ぶ

枝折峠
しおりとうげ

雲海が勢いよく流れる滝のように見える、滝雲の撮影スポット。早朝に発生し、躍動感あふれる貴重な光景が広がる。

上原コスモス園
うわっぱらコスモスえん

秋になると上原高原にコスモスが咲き誇る。コスモス畑や農地に延びる一本道も写真スポットとして人気。

奥只見湖
おくただみこ

昭和35年(1960)に完成した人造湖。日本紅葉の名所100選に選ばれており、秋には奥只見湖遊覧船が出航して周遊が楽しめる。

ここが自慢です!

のどかな田園地帯では新潟県が誇る魚沼産コシヒカリを栽培するなど、日本の食を支える町です! 自然や水がきれいで、地域の特性を生かしたそばや日本酒などのグルメが多いです。銀山平温泉は知る人ぞ知る秘湯。喧騒から離れて、くつろぎに来てください。
魚沼市観光協会　山本 歩さん

おでかけどき

10月中旬～11月上旬は奥只見湖紅葉クルージング

夏や紅葉シーズンは越後三山のトレッキングで賑わう。10月中旬～11月上旬は奥只見湖遊覧船で紅葉クルージングが楽しめるとあり特に人気のシーズン。豪雪地帯のため、冬季は施設の休業や通行止めなどがあるので注意。

こぼれ話　八海山の麓で育む日本酒

魚沼市には2つの酒造があり、美しい自然と雪国文化を生かした日本酒造りが行われている。玉川酒造は銘酒「越後一会」のほか、ワイングラスでおいしい日本酒「イットキー」など多様な酒造りに取り組む。緑川酒造は、信頼のおける特約店にのみ商品を販売する一途なブランディングが魅力の老舗。貴重な地酒を味わってみたい。

自然の恵みを生かした日本酒造り。地域の気候に合わせて鍛錬された技術が光る

散策info
魚沼市観光協会　025-792-7300
所 新潟県魚沼市吉田1144

お泊まり情報　温泉宿の源泉はアルカリ性単純温泉。ぬるめのお湯が特徴で、源泉かけ流しが多い。湯上がりはさらさらとして肌にやさしいのも魅力。

103
栃木県
日光市

◆ゆにしかわおんせん

湯西川温泉

落人伝説が残る平家の隠れ里に美肌の湯が湧く

平家の落人(おちうど)に安住の地を与えた 宝の湯が湧き出る温泉地

日光市湯西川は、壇ノ浦の戦い後に平家の隠れ里となった歴史ある町。平家の落人・平重盛(しげもり)の子孫である平忠実(ただざね)は、平家追討の混乱のなかで湯西川にたどり着く。あるとき、平忠実は川岸に湧く源泉を見つける。恵みとなる源泉は子孫の内紛を引き起こすと考えた忠実は、源泉とともに伝来の宝物や武具などを埋め、口外せずに一族とともに慎ましい生活を続けた。時は流れ、忠実の子孫が源泉と平家の宝を発見。先祖に感謝し、湯西川を安住の地に選んだ。

源泉はアルカリ性単純温泉で、関東屈指の美肌の湯として知られる。和情緒あふれ、奥ゆかしい湯宿で旅の疲れを癒やしたい。

湯西川温泉心かわあかり

ゆにしがわおんせんしんかわあかり

湯西川の清流に丸い灯「やまほたる」を放流するイベント。ゆらゆらと光りながら川面を流れる7色のライトが幻想的。

散策info　日光市観光協会　☎0288-22-1525
所 栃木県日光市今市717-1

涼やかに流れる湯西川沿いに湯宿が集まる

行き方

●湯西川温泉駅から日光交通バス湯西川温泉行きで約25分、終点下車すぐ
●今市ICから湯西川温泉まで車で約1時間

野岩鉄道湯西川温泉駅へは東京の浅草駅や、栃木駅、会津田島駅から特急列車でアクセスができる。駅から温泉街は離れているので、タクシーやバスを利用して向かう。バスは1日3便程度で、駅の目の前にある道の駅 湯西川が乗車場所。イベント期間中などは混み合うので注意したい。湯西川温泉の宿の多くは送迎付きプランを設けているので宿泊予約の際に確認したい。

おでかけどき

趣向を凝らしたイベントが温泉街を盛り上げる

温泉街のイベント時期は多くの観光客が訪れる人気のシーズン。1〜3月のミニかまくら、5月の山開き、6月の平家大祭、11月の紅葉など見どころ豊富。地元の名物は湯西川の自慢の水で打ったそばで、10月にはそば祭りを開催。そば打ちの実演や特産品の販売も行う。

ここが自慢です!

湯西川温泉は由緒ある老舗の温泉街。贅沢な湯宿で心と体をリフレッシュできるのはもちろん、ミニかまくらや、かわあかりなど季節のイベントが充実しています。ライトアップ風景は写真映えするとSNSでも話題ですよ!
湯西川館女将 伴 弘美さん

湯西川温泉 かまくら祭
ゆにしがわおんせん かまくらまつり

沢口河川敷ミニかまくら会場、平家の里などで開催される冬の風物詩。多くのミニかまくらが並び、ろうそくの温かい火が灯される。幻想的な夜の光景は、日本夜景遺産に認定。

平家の里
へいけのさと

平家落人の生活様式を伝承するため、村内の茅葺き屋根の民家を移築、保存した施設。毎年6月には平家大祭が行われる。

五十里湖
いかりこ

江戸時代、日本橋から五十里の距離に位置することから名がついた人造湖。サクラマス釣りやボート遊び、水陸両用バスの運行もしている。

お泊まり情報 老舗宿の食事は独自の食文化に習うお狩場焼。猟で捕えた熊や鹿、山菜、川魚などを、囲炉裏を囲みながら串焼きで味わえる。

104
長野県
小谷村

◆おたりおんせん

小谷温泉

白馬連峰と雨飾山に囲まれた山峡に風雅な湯宿の集落

↑北アルプスの山奥にたたずむ素朴な温泉地。澄みわたる空気や緑の香りなど、高原地帯の自然を感じながらリフレッシュできる

北アルプスの険しい山並みの秘境で夢現で過ごす湯浴みのひととき

長野県最北部に位置する小谷（おたり）村は、かつて日本海から長野県松本まで物資を運んだ街道・千国街道の名残を随所に感じられる。北アルプスと雨飾山を有する村には、10の温泉施設が集まる。雄大な山々に囲まれてひっそりとたたずむ湯宿は、素朴ながらも源泉豊富な名湯秘湯が揃う。

村の老舗宿・大湯元 山田旅館は、450年以上の歴史を誇る風格あるたたずまい。武田信玄の隠し湯と伝わる温泉で、家臣により発見されたラドン含有の重曹泉が豊富に湧く。子宝の湯として知られ、元湯の源泉は飲用泉にも好まれている。江戸時代の建築である木造3階の本館や、6棟の建造物が国の登録有形文化財に登録されている。

●糸魚川ICから大湯元山田旅館まで車で約50分

●安曇野ICから大湯元山田旅館まで車で約1時間30分

大湯元 山田旅館は新潟県の県境に近く、新潟方面からと長野方面からの2通りのアクセスができる。公共交通機関を使用する場合、東京からは北陸新幹線はくたかで約2時間15分、糸魚川駅で乗り換え、大糸線で約1時間3分、南小谷駅下車。その後、村営バス雨飾高原行きで35分、小谷温泉山田旅館前下車すぐ。南小谷駅へは松本駅から特急あずさ（1日1本）を利用すると、約1時間10分で到着できる。

おでかけどき

四季の自然を感じられるアクティビティに挑戦！

春や秋は定番のトレッキングシーズンで、夏はパラグライダーやシャワークライミング（写真）などのアクティビティが楽しめる。冬にはスキー場が開かれ、一年中自然とふれあえる。パラグライダーとスキーを融合させた新しいウインタースポーツ「スピードパラ」も体験できる。

ここが自慢です！

茅葺き民家の立つ隠れ里のような集落の、さらにその奥に小谷温泉はあります。妙高戸隠連山国立公園の豊かな自然に恵まれた環境や美しい風景、昔から変わらず自噴する源泉など、自然度と鮮度が自慢です。効能豊かで万病に効くといわれ、500年近くも湯治場として親しまれてきた、その歴史や伝統を守り続けています。

山田旅館21代目館主　山田 誠司さん

栂池自然園
つがいけしぜんえん

標高約1900mに位置する栂池自然園は中部山岳国立公園内にあり、夏にはさまざまな高山植物が咲き乱れ、秋には素晴らしい紅葉が広がる。なお、ロープウェイで気軽にアクセスでき、園内には木道が整備されているので、誰でも安全に散策を楽しむことができる。

風吹大池
かざふきおおいけ

標高約1779mに広がる北アルプス最大の湖。オオシラビソとダケカンバの林に囲まれ、トレッキング中は可憐なワタスゲなど高山植物に出会える。

眺望の郷
ちょうぼうのさと

北アルプスの山々と小谷村を俯瞰で一望できる絶景スポット。国道148号の近くにあり、キャンプ場も併設している。

牛方宿
うしかたやど

物資を運んだ牛方と牛が一緒に寝泊まりした宿。現存する最後の牛方宿であり、塩の道を物語る建物として残る。

鎌池
かまいけ

太古のブナの森に囲まれた池。透明な池の水に、鮮やかな紅葉と山肌が映り込む幻想的な光景に息をのむ。

散策info　**小谷村観光連盟**　☎0261-82-2233
所 長野県小谷村中小谷丙131

お泊まり情報　小谷温泉で現在宿泊できるのは、大湯元 山田旅館のみ。効能豊かな源泉を堪能したい。

105
岡山県
真庭市

◆ゆばらおんせん

湯原温泉

足元湧出の湯治場は秀吉の時代に開かれた名湯の地

大地からダイレクトに届く源泉が絶え間なく湧き出す究極の湯

湯原温泉郷は、湯原地域にある5つの温泉地(湯原温泉、下湯原温泉、真賀温泉、足温泉、郷緑温泉)の総称。なかでも湯原温泉は、旭川を北上すると広がる湯原湖に最も近い温泉街。豊臣秀吉の五大老である宇喜多秀家の母、おふくの方の湯治場として開かれた歴史を持つ。日本に20～30カ所しか存在しない足元湧出の温泉で、空気に一度もふれることのない源泉が湯船の底から直接湧き出している。泉源はすべて自噴泉で、近隣の伯耆大山や蒜山火山のマグマが熱源となっていると推定される。アルカリ性単純温泉で美肌効果が高い泉質。露天風呂砂湯では、静かに流れる旭川を真横に湯浴みを楽しめる。

露天風呂砂湯
ろてんぶろすなゆ

旭川沿いにある野天風呂。水着も着用可の混浴で、透明の湯が特徴。湯量が豊富なので年中楽しめるのがうれしい。

旭川の流れに沿うように老舗の湯宿が立ち並ぶ静かな景観

行き方

●岡山駅からJR津山線快速で津山駅まで約1時間10分、JR姫新線に乗り換えて約50分、中国勝山駅下車。中国勝山駅から真庭市コミュニティバス「まにわくん」蒜山高原行きで約36分、湯原温泉下車すぐ
●湯原ICから湯原温泉まで車で6分
湯原ICを起点に車移動がベスト。岡山駅からは約1時間50分で中国勝山駅へ向かうバスもある。鉄道は中国勝山駅が最寄りで、駅前にあるバス乗り場から真庭市コミュニティバス「まにわくん」で移動。

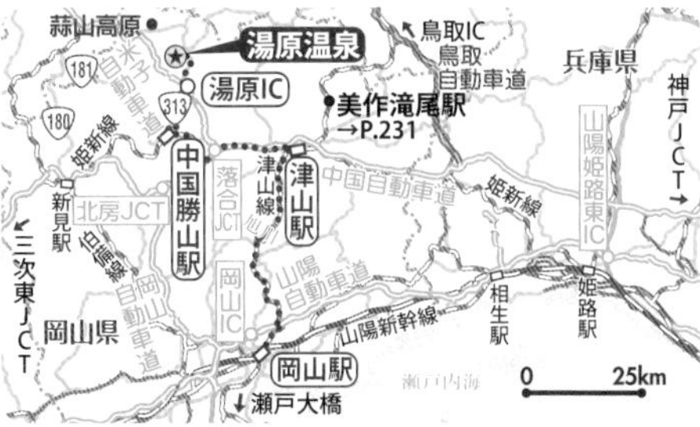

おでかけどき

露天風呂砂湯のゆず湯で冬の温泉を満喫できる

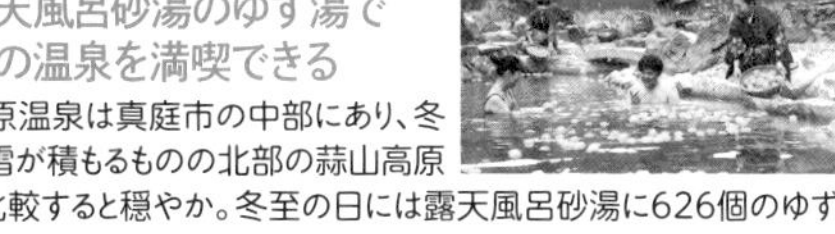

湯原温泉は真庭市の中部にあり、冬は雪が積もるものの北部の蒜山高原と比較すると穏やか。冬至の日には露天風呂砂湯に626個のゆずを浮かべ、ゆず湯を楽しめる。

ここが自慢です!

湯原温泉は自然豊かな温泉街で、国の特別天然記念物オオサンショウウオの生息地としても知られています。湯原温泉では「はんざき」と呼ばれ、毎年夏の8月8日には、はんざき祭りも行われますよ。
湯原観光情報センター
伴野 良子さん

散策info 湯原観光情報センター ☎0867-62-2526
所 岡山県真庭市湯原温泉124

湯原湖
ゆばらこ

湯原温泉と蒜山高原の間に位置する中国地方最大のダム湖。湯原ダムえん堤から眺めることができ、秋の紅葉も見事。

キャンドルファンタジー in 湯原温泉
キャンドルファンタジー イン ゆばらおんせん

クリスマスシーズンに開催するライトアップイベント。露天風呂砂湯を囲むようにキャンドルを626個点灯する。

こぼれ話 足をのばして蒜山高原へ

湯原温泉に隣接する蒜山高原は、岡山県屈指のさわやかな高原リゾート。放牧された乳牛と草原が広がるのどかな景色を眺めながらのドライブやサイクリング、冬にはスキー場が開設されるなど、アクティビティを楽しめる。高原が育んだ乳製品の特産や工芸品なども充実。

のどかな牧場で乳牛が暮らす

サイクリングが楽しめる

お泊まり情報 温泉リゾートホテル、老舗旅館はもちろん、バリスタイルの客室をもつ宿や、おしゃれな洋風の宿など個性豊かな宿が揃う。

蘇る町のシンボル 廃校

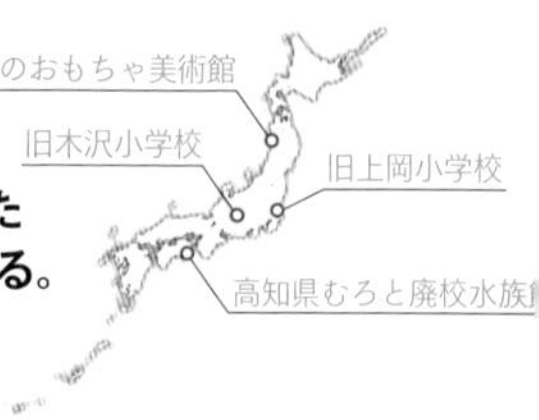

ノスタルジックな思い出を呼び起こす静かな廃校。学校としての役目を終えた懐かしの学び舎は、形を変えて地域の人々の暮らしに今もなお寄り添っている。

鳥海山木のおもちゃ美術館
旧木沢小学校
旧上岡小学校
高知県むろと廃校水族館

106 高知県むろと廃校水族館

高知県 室戸市

◆こうちけんむろとはいこうすいぞくかん

黒潮に抱かれた温暖な町で
地元ゆかりの海の生き物を観察

↓シュモクザメを校舎の屋上から眺めることができる。従来の学校からは想像できない目新しい展示

明治7年(1874)創設、2006年廃校となった旧椎名小学校が、2018年に水族館として再スタート。校内には、室戸岬を有する海の町ならではの生き物が集まり、屋外にあるプールではシュモクザメが悠々と泳ぐ。ユニークな展示方法が話題を呼ぶなど、校舎は新しい形で受け継がれている。

散策info ☎0887-22-0815 所 高知県室戸市室戸岬町533-2 交 土佐くろしお鉄道奈半利駅から車で40分／阿佐海岸鉄道甲浦駅から車で30分 時 9:00～18:00(10～3月は～17:00) 料 大人600円、小・中学生300円 休 無休

↗外壁を青くデザインした校舎は立派な水族館に。海の生き物を通じて新しい発見や学びに出会える

→地元の定置網で揚がったブリなどの魚やウミガメが迎えてくれる

107 旧上岡小学校

茨城県 大子町

◆きゅううわおかしょうがっこう

押川の川辺に立つ
ノスタルジー漂う木造校舎

↓NHK連続テレビ小説『エール』『花子とアン』のほか、多くのドラマやCMなどに登場する学校

久慈川を中心に栄えた農村地。明治12年(1879)創立、2001年廃校となった小学校は3棟からなり、明治期の木造校舎のたたずまいをそのまま残す。平屋造りの校舎に入ると、懐かしい雰囲気の教室や木の机と椅子など思い出にタイムスリップできる空間が広がる。

散策info ☎0295-72-1138(大子町商工観光課) 所 茨城県大子町上岡957-3 交 JR常陸大子駅から車で5分 時 土・日曜、祝日9:00～16:00 料 無料 休 月～金曜

←教室内など町民の学び舎が現存する学校。木の机や椅子に温かみを感じる

108 長野県 飯田市

旧木沢小学校
◆きゅうきざわしょうがっこう

地域住民の手で作られた町の魅力を伝える展示が光る

↓各教室での展示のほか、イベント開催や体験学習のフィールドとして活用されている

秋葉街道の要所として栄えた宿場町に建つ学び舎。昭和7年(1932)創立、2000年廃校となった町の小学校は、交流拠点として活用されている。各教室は、南アルプスの資料や写真を見学できる山の資料館、山の図書館、林鉄資料館、祭りの資料館など異なる趣で楽しめる。

散策info ☎0260-34-1071(遠山郷観光協会) 所 長野県飯田市南信濃木沢811 交 中央自動車道・飯田ICから車で1時間 時 8:00～17:00 料 無料 休 無休

←住民の手作りによる展示や建物維持が行われている

109 秋田県 由利本荘市

鳥海山木のおもちゃ美術館
◆ちょうかいさんきのおもちゃびじゅつかん

↓昭和28～29年(1953～1954)に建築され、戦火を免れた貴重な木造校舎

↑校舎内は秋田杉を使用した床や壁を残し、美しさのなかに地域の愛情が詰まっている

秋田県と山形県の県境にある標高2236mの鳥海山が見守る田園地帯。旧鮎川小学校は昭和29年(1954)、当時中学校校舎として生まれた建物。2004年に廃校を迎えるまで50年間、地域の子どもたちと歩んできた。校舎は3棟の教室棟と室内運動場で構成され、中央校舎棟を中心に左右対称に配置されるなど調和のとれた建築美が魅力。現在、地元産の木材を生かしたおもちゃや遊具で遊び、木育体験ができる施設として愛されている。

散策info ☎0184-74-9070 所 秋田県由利本荘市町村鳴瀬台65-1 交 日本海東北自動車道・本荘ICから車で10分 時 9:00(12～2月10:00)～16:00 料 800円 休 木曜

出羽富士の山麓に生まれた子どもたちの新しい遊び場

↑旧鮎川小学校の体育館を活用した「もりのあそびば」の遊具に秋田県材を取り入れている

昔日の繁華を知る町の矜持

110
大分県
杵築市

杵築(きつき)

坂道から、坂の上の武家屋敷から、往時の暮らしを見る

↑南台武家屋敷から塩屋(志保屋)の坂を谷筋へ下りると、北台武家屋敷へ向かう酢屋の坂にあたる。正面に見える酢屋の坂の名前は、酢屋という商売に由来する

凹凸の地形からなる城下町では坂道を和服で歩く姿が絵になる

国東（くにさき）半島南部の付け根に位置する町。かつては木付の表記だったが、江戸時代中期に幕府からの許可を得て杵築と書くようになった。

応永元年（1394）に築かれた杵築城の周辺に形成された城下町の最大の特徴はおよそ20本の坂道。城は海に面した高台に、武家屋敷は城の西側にある南北2つの高台に造成され、坂道によって各台地は谷筋を通じて結ばれていた。坂の名前が江戸時代の生活に由来するなど、暮らしに密着していたといえる。

杵築が誇る江戸時代の風情を多くの人に楽しんでほしいと、町では「和服の似合う町」をテーマに掲げ、着物姿での城下町歩きをすすめる活動を行っている。

飴屋の坂（雨夜の坂）
あめやのさか

谷筋から上ると南台武家屋敷の裏丁に出る。杵築の坂道では珍しくカーブがある坂道。雨が降る暗い夜でも、白みを帯びた石畳が浮かび、坂道がよく見えたという。

勘定場の坂
かんじょうばのさか

杵築城の麓と北台武家屋敷を結ぶ坂道。江戸時代、金銭勘定の役所があったことから名付けられた。馬や駕籠（かご）担ぎの歩幅を考えて、勾配や石段の数を整えたとされる。

北台武家屋敷
きただいぶけやしき

藩校の門や上級武士の屋敷が立ち並ぶエリア。酢屋の坂を上った先にある大原邸（写真）では、かつて藩の要職・家老を務めた武士が暮らしていた。立派な茅葺き屋根と回遊式庭園が見られることから、その格式の高さがうかがえる。

南台武家屋敷
みなみだいぶけやしき

家老丁にある中根邸（写真）には、杵築藩の時代に浸透した茶の湯文化を大切にした跡がある。家老丁西側の裏丁には、石垣の上に築かれた土塀や長屋門が残る。

こぼれ話　台地に挟まれた商人の町

↑老舗茶舗のお茶のとまや。店舗は明治8年（1875）に建てられた

武家屋敷が建つ南北の高台の谷間は、かつて商人の町として栄えた。曳家などにより、江戸時代から続く商家や町家が今も数軒残る。味噌や米穀の老舗、地元の有志により復活した芝居小屋などが見られる。

ここが自慢です！

全国初きものが似合う歴史的町並み認定第一号に認定されたこの町は、きもので歩くと絵になる町並みです。気軽に利用できる、レンタルきもの店などもあり、さまざまな商店や飲食店でサービスが受けられます。

杵築市観光協会　内田 雄大（たけひろ）さん

行き方

●大分駅からJR日豊本線特急ソニックで約22分、杵築駅下車、大分交通バス杵築バスターミナル行きで約15分、終点下車

●大分空港から大分交通バス大分駅前行きで杵築バスターミナルまで約30分

杵築バスターミナルから城下町までは徒歩5分、杵築城までは徒歩10分だ。特急ソニックは、すべての山陽新幹線が停車する福岡県の小倉駅からも大分駅行きが出ており、1時間ほどで杵築駅までアクセスできる（一部の特急ソニックは杵築駅を通過）。駅から杵築バスターミナルに向かうバスは1時間に1～2本の運行。車の場合は、速見ICから日出バイパス、杵築ICを経由して城下町へ。所要時間は約20分。

おでかけどき

城下町が華やぐ祭りと杵築城に四季の便りを見る

2～3月は城下町の随所で武家や商家で飾られてきたお雛様に出会える。杵築ではお雛様を「ひいな」と呼ぶ。GW期間のきつきお城まつりは、江戸時代の服装で町を歩く仮装行列が見もの。中秋の名月の時期には、杵築の茶の湯文化に起源する観月祭が行われる。杵築城（写真）が桜とのコントラストが美しい時期に訪れるのも一興だ。

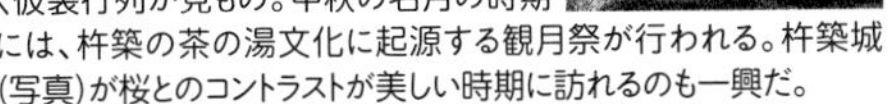

散策info　杵築市観光協会　☎0978-63-0100
所 大分県杵築市杵築665-172
（杵築ふるさと産業館内）

お泊まり情報　城下町から車で20分北西部に進んだところにある山香（やまが）温泉の宿へ。空気にふれると褐色に変わるお湯が特徴だ。

111
長野県
福島町

ふくしまじゅく
福島宿

鉄砲も出女も逃さぬ江戸の情緒が漂う宿場町

福島関所資料館
ふくしませきしょしりょうかん

福島関所は江戸に入る鉄砲と江戸から出る女を取り締まる厳しい関所として知られていた。関所の西門が復元され、当時の手形など貴重な資料を展示している。

崖家造り
がけやづくり

木曽福島特有の景観。道路側から見ると2階建ての家に見えるが、川沿いから見ると3階や4階の建物だということがわかる。

上の段地区には宿場町に欠かせなかった水場や用水が多く残る

厳しい関所で江戸幕府を守った工夫が点在する木曽路の宿場町

江戸と京都を結ぶ中山道(なかせんどう)のほぼ中間に位置する福島宿は、箱根、碓氷、新居とともに四大関所のひとつである福島関所が設けられた規模の大きい宿場町。

昭和2年(1927)の大火で当時の建物はほとんど焼けてしまったが、大火から逃れた上(うえ)の段地区には出梁造り、袖うだつ、千本格子などの江戸時代末期の建築物が残る。また敵の侵入を防ぐ桝形に入り組んだ道の造りも往時を偲ばせる。

木曽川沿いでは崖家造りが見られ川に迫り出したように家が立ち並ぶ。車社会になり、道路が拡幅されたことにより狭くなった土地を有効に使いたいという思いから生まれた。

行き方

●塩尻駅からJR中央本線特急しなので約27分、木曽福島駅下車、福島宿(上の段地区)まで徒歩約10分
●伊那ICから木曽福島駅まで車で約40分、福島宿(上の段地区)まで徒歩約10分

名古屋から鉄道を利用する場合、名古屋駅から特急しなので約1時間25分で木曽福島駅に着く。車を利用する場合、木曽方面へは東京、名古屋方面からいずれも中央自動車道を通って伊那ICを利用するのがおすすめ。木曽福島駅の近くに駐車して散策をしたい。また、東京方面からはJR利用よりも安く、所要時間4時間25分で新宿駅から木曽福島駅に直行できる高速バスの利用も便利。

なまこ壁
なまこかべ

雨風によって傷まないように、瓦を張った壁のこと。瓦が落ちないよう、漆喰をかまぼこ状に盛り上げた形がなまこに似ていることが名前の由来といわれている。

写真提供:木曽おんたけ観光局

散策info 木曽おんたけ観光局 ☎0264-25-6000
所 長野県木曽町福島2012-5

おでかけどき

寒さ対策をして雪灯りの散歩路を歩きたい

写真提供:木曽おんたけ観光局

例年2月頃に雪灯りの散歩路(写真)というイベントを開催している。町内の各所に5000個のアイスキャンドルが飾られ、あたたかい光に照らされた町は幻想的で美しい。また木曽エリアでは約10kmごとに宿場町があるので、さまざまな宿場町を巡るのも楽しい。

奈良井宿
ならいじゅく

中山道34番目の宿場町で木曽のなかでは最大。約1km続く町並みには千本格子などが見られる約200余りの建造物が残る。

お泊まり情報 老舗の宿で里山の景色や旬の料理を楽しみたい。崖家造りの宿では川に迫り出した部屋で宿泊することもできる。

112
岡山県
高梁市

吹屋（ふきや）

豪商の話し合いで造られた美しい赤色の町並み

自己満足をやめ、町全体を考えた豪商たちの最適解による町づくり

吹屋は江戸から昭和時代にかけて、赤色顔料ベンガラの国内有数の産地として栄えた。吹屋のベンガラはきれいな赤色が残り、品質が良かったため需要が拡大。景気が良くなったベンガラ豪商たちは邸宅を建てる際、財力を見せつけるように家を建てて競うことを慎み、町の統一に重きを置いたことから石州瓦（せきしゅうがわら）の赤い屋根や弁柄格子が美しい建物が立ち並ぶ町が生まれた。

ベンガラ商が次々に廃業になると同時に建物も老朽化していったが、昭和52年(1977)に重要伝統的建造物群保存地区に選定され、町並みを保存し観光地にすることで現在まで当時の姿を守っている。

笹畝坑道
ささうねこうどう

江戸から大正まで採掘が行われた吉岡銅山を昭和54年(1979)に復元。近代文化遺産に指定されている。

こぼれ話

レトロなボンネットバス

吹屋ふるさと村では屋根ギリギリで通り抜けるボンネットバスが人気。バスの中からベンガラの町並みを無料で楽しめる。運行期間は毎年変わるのでHPで要確認。

↑ベンガラの町を走るバス

赤い屋根の建物が立ち並ぶ吹屋ふるさと村

行き方

●岡山駅からJR伯備線特急やくもで約35分、備中高梁駅下車、備北バス吹屋行きに乗り換えて約1時間、終点下車すぐ
●賀陽ICから吹屋まで車で約50分

岡山駅から鉄道とバスで吹屋まで行くことができる。町並み保存地区のほか中野エリアには広兼邸や笹畝坑道などがあり、町並み保存地区から中野エリアは車で約5分、徒歩だと約15分かかる。町並み保存地区付近には無料駐車場もあるので安心。

おでかけどき

普段は見られない夜の町並みに感動!

例年9月下旬頃に地域住民が吹屋のPRのために始めた手作りのイベント吹屋ベンガラ灯り(写真)を開催。ベンガラ焼の灯籠が点在した吹屋の町並みで、ベンガラ染めの衣装を着た踊り子が『吹屋小唄』に合わせて舞う。小学校やお店などもライトアップされ夜の吹屋を楽しめる。

ここが自慢です!

吹屋には、江戸時代から変わらないベンガラの赤い町並みと歴史が息づいています。町並み周辺には、銅山の跡(笹畝坑道)やベンガラの工場跡もあり、吹屋の繁栄の背景にふれることができます。銅山跡は、昔のトロッコの痕跡も残り、見応えがありオススメです。
戸田さん

写真提供:吹屋観光ガイド会

郷土館
きょうどかん

明治12年(1879)、に建てられたベンガラ工場総支配人の屋敷。2階建て入母屋造りで、優れた宮大工が最上級の建築材を使用して建てた。

広兼邸
ひろかねてい

江戸末期に小泉銅山とベンガラの原料であるローハ製造を経営し、富豪となった広兼家が建てた邸宅。大きな石垣が印象的。

旧片山家住宅
きゅうかたやまけじゅうたく

ベンガラの製造や販売を200年近く続けた片山一門の総本家。ベンガラ屋の主屋とベンガラ製造に関わる付属屋が評価され、国の重要文化財に指定された。

散策info
高梁市観光協会吹屋支部 ☎0866-29-2205
所 岡山県高梁市成羽町吹屋838-2

お泊まり情報 重要伝統的建造物群保存地区には2軒の宿泊施設がある。和味の宿 ラ・フォーレ吹屋は全19室、町家ステイ吹屋 千枚は1日1組限定。

113
大分県
竹田市

竹田（たけた）

荒城の下に広がる城下町の武家屋敷に昔日の面影

天然の要塞で守られた城と町に残る重厚な歴史建築と素朴な生活風景

阿蘇に隣接する大分県南西部の竹田市にある城下町は、文禄3年（1594）に初代岡藩主となった中川秀成（なかがわひでしげ）が形成したことに始まり、L字路やT字路のない碁盤目状の町割りが特徴だ。山上の城から15分ほど下った低地に武家屋敷通りが延び、当時120mにわたって13軒の屋敷が連なり、中級武士が暮らしていた。この武家屋敷通りのほか、瀧廉太郎記念館や旧竹田荘、隠れキリシタンの里であったことを伝える洞窟礼拝堂といった歴史遺産を結んだ道を「歴史の道」とし、町並みの保存活動や情報発信がなされている。

生活用水として不可欠な良質な湧水、海が遠い地だからこそ生まれた料理も、脈々と受け継がれている。

瀧廉太郎記念館

たきれんたろうきねんかん

『荒城の月』を作曲した瀧廉太郎は12歳から2年半の間、竹田の町で過ごした。当時暮らしていた家を修復し、記念館として公開。直筆の譜面などの資料を展示している。

旧竹田荘

きゅうちくでんそう

岡藩に生まれ、豊後南画の祖でもある文人、田能村竹田（たのむらちくでん）の旧宅。写意で描く南画という絵画において、竹田（たけた）の町は最高峰に位置づけられていた。

武家屋敷通りには、常夜灯、長屋門、土塀などが今も残る。道脇に見られる水路はかつて防火や生活用水として使われていた

岡城跡
おかじょうあと

文治元年(1185)年に築城。断崖絶壁上に建ち、難攻不落の城と称された。中川秀成の入城後は、総石垣の城郭に大改築された。明治時代に廃城となり、現在は石垣のみが残る。

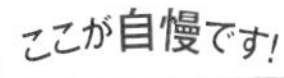

武家屋敷通りを歩いたら、ぜひ岡城跡に行ってみて! 多彩な石垣の積み方、秋の紅葉をはじめ周囲の自然と織りなす風景に注目です。名水が育んだ食材を使った料理を味わうのもおすすめ!
竹田市観光ツーリズム協会
藤野 めぐみさん

竹田湧水群
たけたゆうすいぐん

城下町から南に3㎞離れたところにある湧水群。阿蘇山系の伏流水が湧き、名水の里・竹田を象徴する。特に泉水(せんすい)湧水(写真)の水は、ミネラルウォーターにも使われるほどの質を誇る。

行き方

- 大分駅からJR豊肥本線で約1時間20分、豊後竹田駅下車
- 熊本駅から産交バス・大分バス特急やまびこ号で約3時間10分、竹田温泉花水月下車、豊後竹田駅まで徒歩約2分

豊後竹田駅から武家屋敷通りまでは徒歩15分ほど。JR豊肥本線は大分駅〜熊本駅を結び、大分駅からは1〜2時間に1本出ているが、熊本駅から向かう場合は1日3〜4本の特急の利用が必要だ。高速バス特急やまびこ号は熊本空港も経由。車の場合、熊本駅からは国道57号経由で約2時間、大分駅からは中九州横断道路経由で約1時間。

おでかけどき

町をあでやかに彩る光と名物グルメも見逃せない

注目のイベントは、毎年11月第3週の金〜日曜に行われるたけた竹灯籠 竹楽(ちくらく)(写真)。3本1組でできた約2万本の竹灯籠が駅周辺や城下町をライトアップする。5月はエノハ料理が旬だ。エノハは川魚のヤマメ、アマゴのことで、竹田の名水で養殖されている。

こぼれ話 素材を余らせない頭料理(あたまりょうり)

頭だけでなく、内臓やエラ、骨身なども塩茹でなどの調理をして味わう

交通網の整っていない時代、海から離れた内陸部の町では、新鮮な魚介を食す機会は限られていた。貴重な魚を無駄にしたくない思いから、頭料理という郷土料理が竹田で生まれた。

散策info
竹田市観光ツーリズム協会 竹田支部
☎0974-63-2638
所 大分県竹田市会々2335-1

お泊まり情報 城下町エリアでは旧竹田荘近くの温泉宿に注目だ。豊後竹田駅から北東に車で20分進むと、炭酸泉が湧く長湯温泉がある。

里山・里海に残る祈りの姿

長い歴史のなかで信仰されてきた地域の守り神。手つかずの自然と神々しい鳥居や磨崖仏が調和する、町の景色を静かに見守りたい。

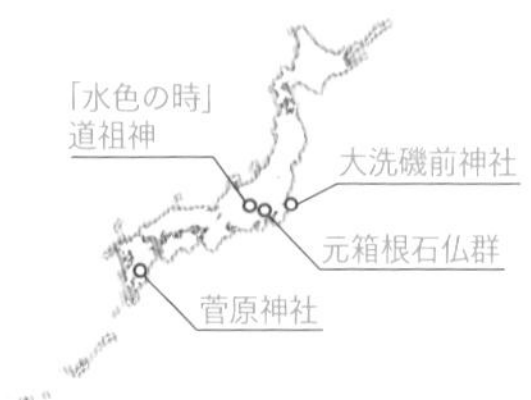

「水色の時」道祖神
大洗磯前神社
元箱根石仏群
菅原神社

114 大洗磯前神社

茨城県 大洗町

◆おおあらいいそさきじんじゃ

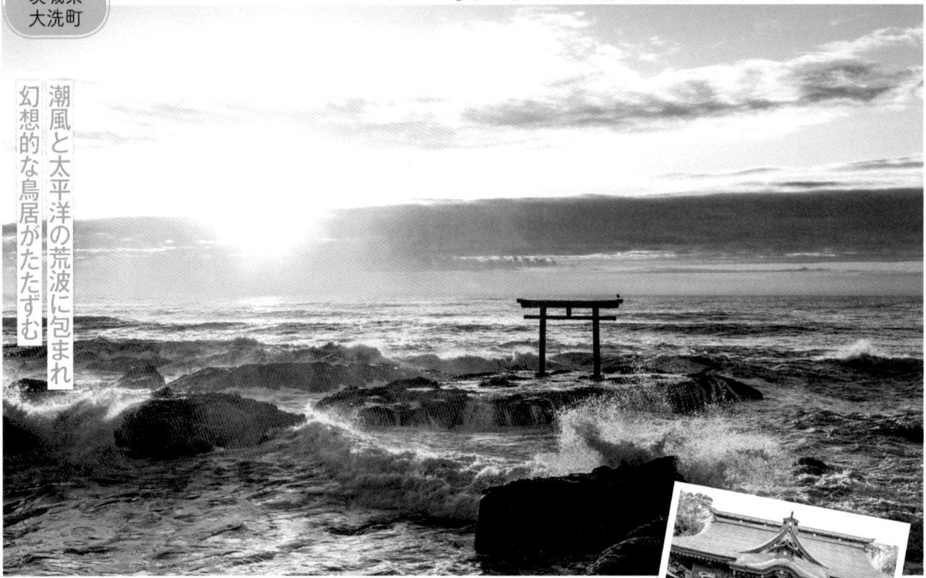

潮風と太平洋の荒波に包まれ
幻想的な鳥居がたたずむ

↓海上の岩の上にある神磯の鳥居。朝焼けは特に美しく絶景スポットとして知られる

太平洋に面した丘の上に鎮座する歴史ある神社。水戸藩2代藩主・徳川光圀公ゆかりの社で、大洗海岸の岩礁に立つ神磯の鳥居と、厳かな一の鳥居、二の鳥居がある。神磯の鳥居越しに拝む日の出は息をのむほどの美しさで、徳川光圀公が参拝した際に景観を讃え、句を残すほど。

散策info ☎029-267-2637 所 茨城県大洗町磯浜町6890 交 鹿島臨海鉄道大洗駅から茨城交通バスで9分、大洗神社前下車、徒歩1分

↗拝殿に施された彫刻は江戸初期の建築様式を今に伝えており、県の文化財に指定されている

115 「水色の時」道祖神

長野県 安曇野市

◆「みずいろのとき」どうそじん

のどかな安曇野を象徴する
牧歌的な風景が広がる

↓かわいらしい双体道祖神に会えるスポット

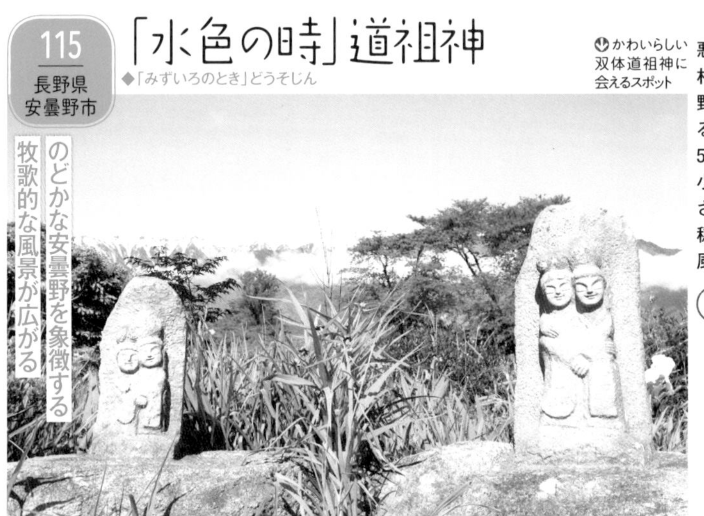

道祖神は、悪霊や疫病など邪悪なものが集落に入らないよう村境や峠に祀られており、安曇野には約600体の道祖神が集まる。「水色の時」道祖神は、昭和50年(1975)にNHK連続テレビ小説『水色の時』の撮影に使用された場所。今でも周辺には、穏やかな表情の道祖神と、田園風景が広がっている。

散策info ☎0263-82-9363(安曇野市観光情報センター) 所 長野県安曇野市穂高 交 長野自動車道・安曇野ICから車で10分

116
宮崎県
えびの市

菅原神社

◆すがわらじんじゃ

⬇複数ある菅原神社のなかでもひときわ目を引く朱色の鳥居

➡えびの高原にある不動池など自然あふれるエリアをトレッキングでまわりたい

広々とした田園地帯で厳かな大鳥居が迎えてくれる

水流地区と西川北地区に点在する菅原神社は、菅原道真公を祀る歴史ある神社。なかでも水流地区にある菅原神社は、水田にぽつんと立つ大鳥居が見られると話題。稲穂が緑に生い茂る田園風景に朱色の大鳥居が映え、未来に残したい宮崎の風景にも選出されている。神社からは、晴れた日には霧島連山の山々が一望できる。

散策info ☎0984-37-2663(えびの市観光協会) 所 宮崎県えびの市水流466 交 九州縦貫自動車道・えびのICから車で10分

117
神奈川県
箱根町

元箱根石仏群

◆もとはこねせきぶつぐん

⬇点在する磨崖仏は地域における地蔵信仰の一面を物語る

京都と鎌倉を結ぶ古道に旅人を見守る磨崖仏が並ぶ

箱根越えで最も高い二子山と駒ケ岳の山合い、精進池に面する賽の河原と呼ばれる一帯に点在する石仏群。磨崖仏の多くは鎌倉時代に製作されたもので、二子山の裾の大岩壁に彫出された約3mの巨像などもある。かつての鎌倉古道(現在の国道1号)は、各所に噴煙が立ち上り、地獄と恐れられた荒涼の地であった。そのため、旅人の安全を守る仏として地蔵菩薩が信仰され、石仏や石塔も数多く建てられた。石仏群は国の重要文化財に指定されている。

散策info ☎0460-85-7601(箱根町教育委員会生涯学習課) 所 神奈川県箱根町湯本256 交 箱根登山鉄道小涌谷駅から車で10分

➡石仏群と歴史館から精進池付近にかけて散策路が整備されていて、岩肌に彫られた多くの石仏や石塔群を見ることができる

自然の生き物がつくる詩情

118
北海道
鶴居村

◆つるいむらのタンチョウ

鶴居村のタンチョウ

◐決められた場所以外に立ち入らないなど、ルールを守ってタンチョウを観察したい

↑鶴居・伊藤タンチョウサンクチュアリには毎年12〜2月に200羽前後のタンチョウが集まる

深々と降り積もる雪景色のなか 特別天然記念物のタンチョウが舞う

タンチョウの生息繁殖地、飛来地として、手つかずの自然に包まれた鶴居村。気候は冷涼ながら、冬季は雪が少なく晴天の日が多いのどかな農村が広がる。村内にはタンチョウを観察できるスポットが複数あり、給餌場である鶴居・伊藤タンチョウサンクチュアリや鶴見台、タンチョウを脅かすことなく撮影・観察できる唯一の場所・音羽橋などは多くのカメラマンが訪れる。冬季は、白く積もる雪を背景に、タンチョウが悠々と過ごす姿が見られる。4～9月の春から夏は、釧路湿原に分布して子育てをするなど、鶴居村を中心に一年中生息している。

おでかけどき

タンチョウの飛来時期は 極寒の12～2月頃がピーク

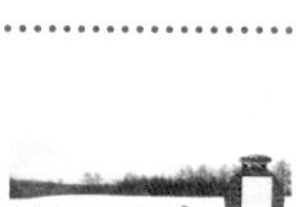

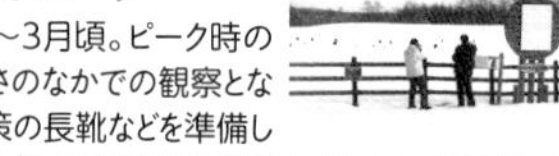

タンチョウの飛来は10～3月頃。ピーク時の12～2月は凍てつく寒さのなかでの観察となるので、防寒服や雪対策の長靴などを準備したい。撮影時はマナーを守った行動を心がけて、タンチョウを驚かせることは避けよう。地元住民が長年築いてきた、タンチョウと人との共生関係を壊さないよう注意。

釧路湿原国立公園キラコタン岬

くしろしつげんこくりつこうえんキラコタンみさき

釧路湿原の最深部に位置する、手つかずの緑と水源が残る湿原。釧路湿原がかつて海だった頃、岬だったことが名前の由来。先端部は国の天然記念物区域に指定されており、立ち入りは許可が必要。

行き方

●釧路駅から阿寒バスグリーンパークつるい行きで約50分、鶴居村役場前下車、鶴居・伊藤タンチョウサンクチュアリまで徒歩約10分

●釧路空港から鶴居・伊藤タンチョウサンクチュアリまで車で約40分

村内のたんちょう舞ロードなどは、冬季でも除雪されており車でも訪れやすい。タンチョウの撮影スポットには駐車場があるので利用したい。釧路駅から発着する阿寒バスの鶴居線は鶴居村に向かう唯一のバス。1日6本程度運行しており、釧路湿原の湿原展望台や温根内にも停車する。土・日曜、祝日は5便程度とさらに減便するので、運行時間を事前確認したい。

鶴見台
つるみだい

タンチョウの給餌場のひとつ。11～3月頃に約200羽のタンチョウがエサを求めて飛来する。

温根内木道
おんねないもくどう

温根内ビジターセンターを起点に釧路湿原を散策できる木道で、一周1～2時間のルートがある。ミツガシワ、ワタスゲなどの花や、アカゲラやタンチョウなどの野鳥が暮らす。7～8月には、ヘイケボタルも見られ、やさしい光に包まれる。

鶴居・伊藤タンチョウサンクチュアリ
つるい・いとうタンチョウサンクチュアリ

長年タンチョウに給餌活動を続け、共生に尽力した故・伊藤良孝夫妻の給餌場。多くのタンチョウが訪れ、雪原を歩く姿を間近で観察できる。現在は野鳥の会が引き継ぎ、保護活動を行っている。

音羽橋
おとわばし

鶴居村の東側に位置する。橋が架かる雪裡川(せつりがわ)は真冬でも凍らないため、夜を安全に過ごすタンチョウの貴重な寝ぐらになっている。

ここが自慢です!

タンチョウはツル科、全長140cmと国内の鳥類のなかで最大。頭頂は赤く、村のあちこちで凛とした美しい姿を見ることができます。毎年2月上旬～中旬にはタンチョウフェスティバルが行われ、村全体が盛り上がりますよ!

鶴居村観光協会理事長・写真家
和田 正宏さん

こぼれ話 鶴居村オリジナル商品を販売

鶴居たんちょうプラザつるぼーの家では、タンチョウをデザインしたオリジナルグッズや、鶴居村の酪農を生かしたチーズやヨーグルトなどを販売。カフェでは人気のタンチョウソフトも味わえる。

ナチュラルチーズ「鶴居」は5種類あり選ぶのが楽しい!

店内にはご当地みやげにぴったりの商品が並ぶ。チーズは村自慢の特産品

散策info

鶴居村観光協会 ☎0154-64-2020
所 北海道鶴居村鶴居西1-1(鶴居村役場内)

鶴居村教育委員会 ☎0154-64-2050
所 北海道鶴居村鶴居東5-3(鶴居村ふるさと情報館)

お泊まり情報 鶴居村では、「暮らすように旅する」をテーマに農泊を推進。移住者や地元農家と交流ができるゲストハウスや、温泉ホテルなどがある。

119
兵庫県
豊岡市

◆まるやまがわかりゅういきのコウノトリ

円山川下流域のコウノトリ

緑あふれる里山から日本の空へ羽ばたいたコウノトリ

↑兵庫県立コウノトリの郷公園に隣接するコウノトリ文化館の屋根に止まるコウノトリ

↑湿地と里山景観のなか、飼育下のコウノトリを観察できる兵庫県立コウノトリの郷公園

コウノトリも人も豊かに暮らせる 共生の環境を目指し取り組む町

城崎温泉を有する豊岡市は、喧騒から離れた穏やかな町。市内の中心を円山川が流れ、その周辺には水田が広がり、コウノトリの生息地となっている。昭和46年(1971)、生息環境の悪化によって、国内のコウノトリは野生下で絶滅。豊岡では絶滅前にコウノトリを捕獲し、飼育・繁殖に取り組み、1989年に飼育下での初の繁殖に成功。その後、コウノトリを野生復帰させるために生息環境の改善に取り組んだ。そして2005年、コウノトリは再び日本の空に舞った。現在では、日本全国に200羽を超えるコウノトリが大空を飛んでいる。兵庫県立コウノトリの郷公園では、飼育されているコウノトリはもちろん、周辺では野生のコウノトリを観察することができる。

行き方

●豊岡駅から全但バス団地バス線で約15分、コウノトリの郷公園下車、兵庫県立コウノトリの郷公園まで徒歩約1分
●但馬空港ICから兵庫県立コウノトリの郷公園まで車で約10分

JR山陰本線が走り、豊岡駅から城崎温泉駅までは約10分。豊岡駅までは新大阪駅からJR福知山線特急こうのとりで約2時間40分。周辺にある但馬空港からコウノトリの郷公園までは車で約20分。

おでかけどき

年中観察できるコウノトリ
巣立ちの時期は6月頃

水田や川でエサをとる様子、電柱の上に止まる様子、飛ぶ様子など、年中コウノトリを観察できる。繁殖時期は2〜7月頃で、人工巣塔の上で営巣する。6月の巣立ちの時期には飛ぶ練習を繰り返すヒナを見かけることも。

ここが自慢です!

コウノトリは極東に5000羽程度しか生息していない絶滅危惧種。町のいたるところで、コウノトリが過ごしやすい環境作りや工夫を見ることができます。のびのびと暮らすコウノトリを見て癒やされてください。

豊岡市役所 コウノトリ共生部
コウノトリ共生課　愛原 拓郎さん

日和山海岸
ひよりやまかいがん

日本海に沈む夕日を砂浜や海岸沿いの散歩道から観賞できる。沖にある無人島・後ヶ島(のちがしま)は、浦島太郎が玉手箱を開けた場所として伝説が残る。

玄武洞公園
げんぶどうこうえん

約160万年前の火山活動で流れ出たマグマが固まった神秘的な地層が見られる。昭和6年(1931)、玄武洞および青龍洞が国の天然記念物に指定されている。

城崎温泉
きのさきおんせん

開湯1300年を超える温泉街。文豪・志賀直哉が執筆した『城の崎にて』の舞台となっており、由来の異なる7つの外湯めぐりが楽しめる。通りには木造3階建ての湯宿が立ち並ぶ。

散策info　豊岡市役所 環境経済部大交流課
☎0796-21-9016　所 兵庫県豊岡市中央町2-4

お泊まり情報　城崎温泉には、時代を超えて愛される老舗の湯宿が並ぶ。また、神鍋高原では山々に囲まれた場所でのペンション滞在も楽しめる。

120
徳島県
美波町

◆おおはまかいがんのアカウミガメ

大浜海岸のアカウミガメ

ウミガメ保護発祥の地から世界の海へ旅立つ命の奇跡

太古から大浜海岸で命をつなぐ アカウミガメの産卵を静かに見守る

太平洋に面した美波町・日和佐は、穏やかな波が打ち寄せる海岸線が続く町。数多くの砂浜や海水浴場があるが、なかでも大浜海岸の砂浜は古来よりアカウミガメの産卵地として知られ、アカウミガメが上陸し産卵する姿が観察できる。

昭和25年(1950)、日和佐中学校の教師と生徒がアカウミガメの保全活動や研究を始め、長年世界をリードし続けてきた。春から夏の間、成体のアカウミガメは産卵のため大浜海岸に帰郷するが、産み落とされた卵の保全や観察会の実施など、アカウミガメと人々を結ぶ機会を作り出している。波音のみが響く海岸で、新たな生命の誕生を見届けたい。

行き方

●徳島駅からJR牟岐線で約1時間30分、日和佐駅下車、大浜海岸まで徒歩約20分
●徳島ICから大浜海岸まで車で約1時間20分

大浜海岸へは、徳島空港、徳島ICから徳島市の中心部を抜け国道55号で南下する。大浜海岸に専用駐車場はないので、海岸の目の前に立つ日和佐うみがめ博物館カレッタの駐車場を利用したい。日和佐駅に隣接する道の駅 日和佐は、地元の特産品が揃う物産館や観光案内所、EV充電スポット、休憩できるあずま屋3棟を備えておりドライブに重宝する。

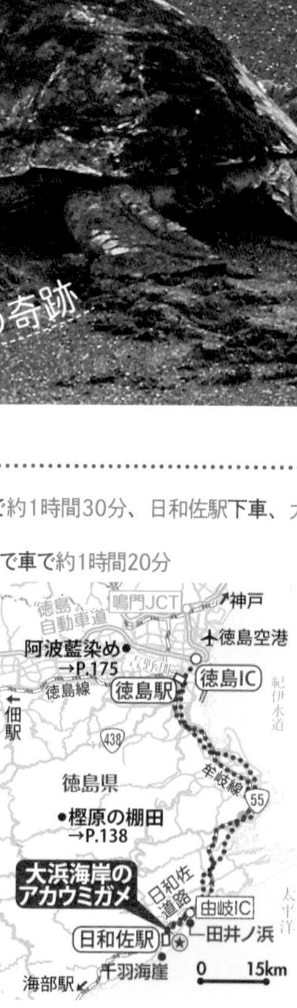

大浜海岸で産卵をする日本固有種のアカウミガメは、茶褐色に大きな頭が特徴

田井ノ浜
たいのはま

室戸阿南海岸国定公園内にある約1.5㎞の海岸。朝日が昇るドラマチックな光景が見られる景勝地で、遠浅の海と美しい砂浜は地元の海水浴場としても人気が高い。

恵比須洞
えびすどう

波の浸食により直径約30mの巨大な穴があいた景勝地。標高52mの岩山の海岸にあり、マリンクルーズで洞穴に入る体験ができる。大浜海岸から徒歩約20分。

千羽海崖
せんばかいがい

日和佐港の南西にある海岸線。高さ約250m、長さ約2000mもの海岸壁が垂直に続き、黒潮の波で削られた躍動感あふれる断崖の光景が見られる。

おでかけどき
春から夏にかけて上陸し、夜を好んで産卵する

アカウミガメは、春から夏にかけて上陸して産卵する。涼しく、外敵がいない夜に産卵する確率が高い。日和佐ウミガメ保護条例に基づき、5月20日〜8月20日の期間は監視員が海岸を巡回。美波町観光協会HPのウミガメールに登録すると、産卵時にメールが届き、見学に行くことができる。美波町近辺の宿泊施設に滞在すれば、宿泊施設が教えてくれることも。

ウミガメ保護規制の時期には、産卵のタイミングで観察会を行っています。産卵期のウミガメはデリケートなので、監視員の指示を守って見学してくださいね。海でケガをしたり弱っているカメを見つけたら、治療をして海に戻すなど、保護活動に力を入れています。野生のカメが再び海に帰っていく姿が見られることも。
ぬるキャラ かめたろう　徳永 聖二さん

こぼれ話
世界最高齢の浜太郎を観察

日和佐うみがめ博物館カレッタでは、日本が世界でも有数の産卵地であるアカウミガメを中心に、多様なウミガメの展示を行っている。昭和25年(1950)、日和佐中学校の教師と学生に見守られて生まれたアカウミガメ浜太郎が暮らしており、2021年現在、年齢がわかっているウミガメとしては世界最高齢の記録となる。ほかにもウミガメの生態や産卵についての資料展示も充実。

↑1mを超える大きさの浜太郎

散策info　美波町観光協会　☎0884-77-1875
所 徳島県美波町奥河内寺前493-6

お泊まり情報　町内には日和佐駅周辺に宿泊施設が集まる。壱 THE HOSTELなどのおしゃれなホステルや、のどかな民宿ステイが楽しめる。

121
青森県
東通村

◆しりやざきのかんだちめ

尻屋崎の寒立馬

本州最果ての岬に強靭な寒立馬が暮らす

東風や厳冬の移りゆく季節のなか 地域の人々とともに暮らす寒立馬

本州最北端である下北半島北東部に位置する東通村は、沿岸線約65㎞におよび、北に津軽海峡、東に太平洋と2つの海に囲まれている。

北東端の尻屋崎には寒立馬が放牧されており、春から夏にかけての穏やかな季節には、牧草を食べながらゆっくり過ごす姿を見学できる。寒立馬は厳しい冬にも耐えられるたくましい体格を持つ農用馬で、下北半島にのみ生息する。かつては農作物の運搬や、浜から海藻を運ぶために活躍し、馬車を引く荷役などの貴重な労働力とされていた。現在は、雄大な岬と海絶景のなか、気ままに歩く寒立馬を目の前で見ることができる。

ここが自慢です!

春の尻屋崎は過ごしやすくドライブにおすすめです。寒立馬の親子が寄り添う様子は、ほのぼのとした気持ちにさせられます。寒立馬の性格は人懐っこく優しいのが特徴。昔から人と協力しながら暮らしてきたことが影響しているのかもしれません。寒立馬に近づくときは、触れたりしないように注意してくださいね。

東通村商工観光課　相馬 和史さん

ヒバの埋没林

ヒバのまいぼつりん

太平洋岸に打ち上げられた大量の砂により、約1000年前から立ち枯れたまま埋まっているヒバの木々が集まる。

寒気と粗食に耐え持久力に富む農用馬として重宝された寒立馬。青森県の天然記念物に指定されている

行き方

●下北駅から下北交通バスで約10分、むつバスターミナル下車。むつバスターミナルから尻屋崎行きで約50分、尻屋崎口下車、尻屋崎まで徒歩すぐ
●下田百石ICから尻屋崎まで車で約2時間20分

下北駅までは野辺地駅からJR大湊線で約1時間。むつバスターミナルからは、下北交通バス尻屋線に乗車。5〜10月は尻屋埼灯台の目の前にある尻屋崎バス停まで運行しているので活用したい。尻屋埼灯台には東西の入門ゲートがあり、駐車場はゲートを入った尻屋埼灯台の近くにある。冬季(12〜3月)はゲートが閉鎖される。

おでかけどき

4〜11月は尻屋埼灯台付近でのんびり過ごす

寒立馬は尻屋埼灯台付近で放牧され、大パノラマが広がる海を背景に牧草を食む姿が見られる。春の出産シーズンには、親子が寄り添う愛くるしい光景も。尻屋崎周辺は冬季閉鎖されており、1〜3月は越冬放牧地のアタカで暮らす。厳冬の雪原を踏みしめて歩く姿に力強さを感じる(12月は移動期間、要問い合わせ)。

こぼれ話 実は日本一!? 猿ヶ森砂丘

東通村の尻労(しつかり)から小田野沢の太平洋沿岸に広がる猿ヶ森砂丘は、鳥取砂丘の約3倍の広さを持つ日本最大の砂丘。砂丘のほとんど自衛隊の施設で立ち入りはできないが、小野田沢付近の砂丘南部は歩ける場所があり、石英を含む砂がキュッと音をたてる鳴き砂が起こる。

↑猿ヶ森砂丘面積は約1万5000haと広大

東通村そば畑
ひがしどおりむらそばばたけ

村内のそば畑では、そばの実の収穫時期と台風の発生時期が重なるため、茎が短く雨風に負けない品種キタワセを栽培している。東通そばは味や香りが強いのが特徴で、青森県内でも有名。

散策info 東通村商工観光課 ☎0175-27-2111
所 青森県東通村砂子又沢内5-34

尻屋埼灯台
しりやざきとうだい

明治9年(1876)、激しい荒波が立ち、船乗りから難破岬と呼ばれていた尻屋崎に建造された白亜の灯台。レンガ造りの灯台としては日本一の高さを誇り、太平洋の大海原を見渡せる。全国に16しかない「のぼれる灯台」のひとつで参観灯台も開催される。

お泊まり情報 休火山「恐山」のある下北半島には恐山温泉、下風呂温泉、よこはま温泉、大間温泉、桑畑温泉など多くの温泉郷と宿が集まる。

122
奈良県
御杖村

◆みつえむらのホタル

御杖村のホタル

静寂の夜に光輝く、美しくも儚げなホタルの乱舞

まるで線香花火の火が垂れる瞬間のように、光の余韻を残しながら飛び交うホタル

生い茂る深い緑と清流に誘われて飛び交うホタルの群生を観賞

かつて倭姫命（やまとひめのみこと）が、天照大神を祀る場所を求めて旅をし、候補地のひとつとして杖を置いたと伝わる御杖村。東西約14㎞にわたり、大和国と伊勢神宮を結ぶ伊勢本街道が通り、江戸時代にはお伊勢参りに向かう旅人の宿場町として栄えた。今もなお当時の道標や常夜灯が残り、歴史を随所に感じられる。

手つかずの自然が残る御杖村には、ホタルの群生地が点在。6～7月になると、丸山公園ではゲンジボタルとヘイケボタル、三季館周辺ではゲンジボタルが飛び、夜の水辺は光揺らめく幻想的な世界へと姿を変える。ホタルが人里すぐそばで、小さく強く光を灯す姿に感銘を受ける。

行き方

●伊勢奥津駅から御杖村の丸山公園まで車で約12分
●榛原駅から御杖村の丸山公園まで車で約40分

村の中心を走る伊勢本街道は移動に欠かせない。村内には鉄道駅がなく、奈良県宇陀市の榛原駅や三重県津市の伊勢奥津駅など、隣接する市区町村の鉄道駅を起点にしたい。榛原駅からは奥宇陀わくわくバス、名張駅からは三重交通バスが運行し、掛西口バス停で御杖ふれあいバスという無料の村内交通に連絡（日中の運行、1日2～4便）。

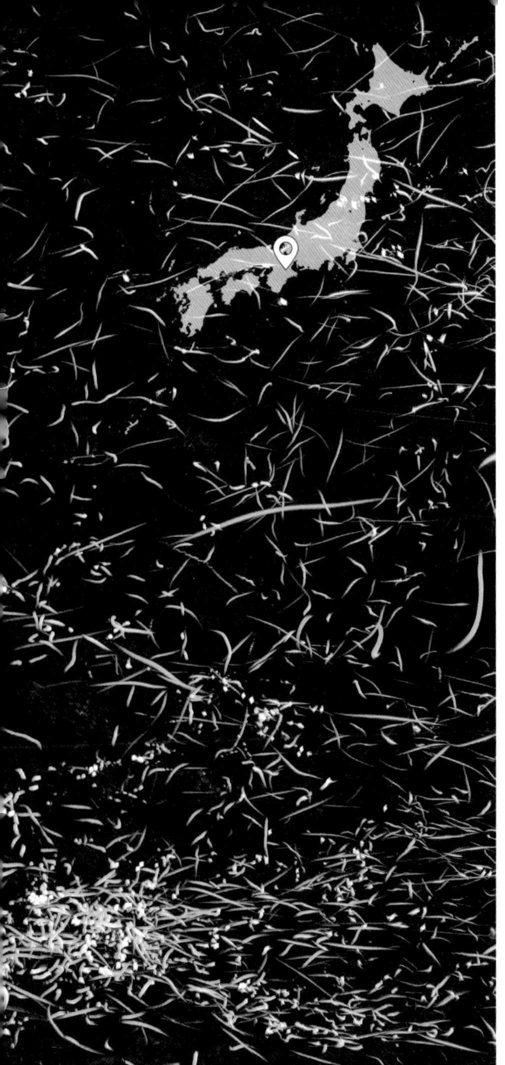

不動の滝
ふどうのたき

三峰山の山腹にある落差約21mの滝。登山道沿いにあり、厳寒期には滝の一部が氷結する氷瀑という風景が見られる。奈良県が指定する清澄な水源スポット「やまとの水」に選ばれている。

三峰山の霧氷
みうねやまのむひょう

奈良県と三重県にまたがる標高約1235mの山。冬には霧氷が美しく、木々が雪化粧をする幻想的な光景が見られる。初夏には白ツツジも咲く。

岡田の谷の半夏生園
おかだのたにのはんげしょうえん

半夏生はドクダミ科の多年生落葉草本植物。約3000㎡もの群生が一面に広がり、7月上旬～下旬頃に可憐な白い花を咲かせる。奈良県で希少種に指定されている。

6～7月にかけて数多くのホタルが水辺で乱舞する

ホタルは、6～7月の風のない蒸し暑い夜が絶好の見頃。明かりがない川や水田などの草むらに出現し、日没後1～2時間をピークに活動するので20時台が目安となる。暗がりの場所を歩くときは足元に注意。車などのライトを消し、カメラのフラッシュをオフにして観賞しよう。

ここが自慢です!

四季折々の魅力が自慢です! ホタルはもちろん、半夏生や三峰山の白ツツジが御杖村の初夏を彩ります。秋にはラッパイチョウ、冬には霧氷なども見られますよ。一年を通して星空が美しいところも素敵です。御杖村にぜひ遊びに来てくださいね。

御杖村地域おこし協力隊　東 悦子さん

散策info

御杖村観光協会 ☎0745-95-2070
所 奈良県御杖村菅野368
御杖村むらづくり振興課 ☎0745-95-2001
所 奈良県御杖村菅野368

お泊まり情報　御杖村内には古民家民宿が2軒ある。農家民宿なので農業体験ができ、地元の野菜を使った料理などを味わえる。

123
千葉県
いすみ市・
市原市ほか

◆いすみてつどう／こみなとてつどう

いすみ鉄道／小湊鐵道

ここが自慢です！

年間を通してのどかな風景が広がるいすみ鉄道ですが、特に春の菜の花と桜のコラボは圧巻の景色が楽しめます。週末には旧国鉄型車両に乗車することができますよ。車内には、瓶ジュース用のセンヌキや、扇風機など昭和の要素が各所にちりばめられています。
いすみ鉄道株式会社のみなさん

↑大多喜駅〜小谷松駅間を走るいすみ鉄道。小さな祠とイチョウの木がたたずむなか、一両編成の車両が走る

石神の菜の花畑（小湊鐵道）
いしがみのなのはなばたけ

かつては休耕田だった土地。花プロジェクトとして、市原市民や地域活動団体の手で、毎年9月に種まきが行われ、草刈りや整備されるなかで景観を保全している。

飯給駅（小湊鐵道）
いたぶえき

壬申の乱で敗れ房総に落ちのびた大友皇子一行に村人が飯を献上した伝説がその名の由来。藤本壮介氏設計の世界一広いトイレが名物（女性用）。

都心から約1時間で行けるほどの近さ 懐かしい昭和期の車両で里山を進む

東京駅からのアクセスが容易で、日本から姿を消しつつある鉄道車両が走るいすみ鉄道と小湊鐵道。線路沿いの菜の花畑や桜並木の間を鉄道が走る春の風景は、沿線地域の活性化をもたらしてきた。

大原駅と上総中野駅間、26.8kmを結ぶいすみ鉄道。一時は長年続く赤字で廃線も検討されたが、一般公募で誕生した社長によるキャラクター車両など独自の企画で、全国区の知名度に。夷隅川（いすみがわ）が形成した穀倉地帯、河口先の岩礁地帯・器械根（きかいね）などによる食の恵みは、レストラン列車などにも生かされている。

小湊鐵道は東京湾沿岸の五井駅と上総中野駅間の39.1kmを結び、房総半島の最高峰・清澄山（きよすみやま）系から流れる養老川に沿って走る。休耕田の活用、養老渓谷駅や月崎駅をはじめ駅前を緑豊かな環境に整える「逆開発」など、里山風景を後世に残す活動も盛んだ。

上総鶴舞駅（小湊鐵道）
かずさつるまいえき

大正14年（1925）に開業し関東の駅百選に選定。駅がある鶴舞は、明治初年に当地に移封された鶴舞藩が6万石の城下町として開発した。

ここが自慢です！

小湊鐵道では2021年10月現在、3つの車両が運行されており、旅情感あふれるボックスシートのキハ40（左）、開放感抜群のトロッコ（中央）、懐かしいサウンドのキハ200（右）、どれも自慢の車両です。3つの車両がきれいに並ぶことは滅多にないので、見られたらラッキーですよ。ぜひいろいろな車両を乗り比べて、楽しんでくださいね。
小湊鐵道株式会社のみなさん

行き方

●東京駅からJR外房線特急わかしおで大原駅まで約1時間15分
●東京駅からJR総武本線・内房線などで五井駅まで約1時間（蘇我駅で乗り継ぎの場合あり）

特急でない場合は、東京駅から大原駅まで約1時間55分（上総一ノ宮駅で乗り継ぎ）。いすみ鉄道、小湊鐵道いずれも1～2時間に1本の運行で、上総中野駅で接続しており、房総半島を横断できる。路線内の所要時間、大原駅～大多喜駅間約30分、大多喜駅～上総中野駅間約20分、上総中野駅～上総牛久駅間約45分、上総牛久駅～五井駅間は約30分。

写真提供:いすみ鉄道株式会社

大多喜城（いすみ鉄道）
おおたきじょう

戦国から江戸期にかけて存在した平山城。現在は徳川四天王のひとり、本多忠勝が修築したものを再建した天守がそびえる。大多喜駅周辺は江戸時代建築の町家など、城下町の風情を残す。

国鉄時代を想起させる車両群

両鉄道ともに、老朽化で全国から消えていく国鉄時代の貴重な車両が走る鉄道として注目を集める。いすみ鉄道が、2011年にJR大糸線からキハ52形のディーゼルカーを譲り受け、観光急行列車として運行を始めたのが始まり。懐かしい国鉄時代の車両カラーへの塗り替え、当時の一般的な内装であった青色モケットシート、木目調の座席や窓枠に改修などを施して、現在も走り続ける。

➡小湊鐵道では2021年4月に、新たに国鉄車両キハ40をJRから導入した

写真提供:いすみ鉄道株式会社

第二五之町踏切（いすみ鉄道）
だいにごのまちふみきり

鉄道ファンの間では「とまれみよ」の標識で有名。街灯がない踏切なので、星空の写真が撮れる場所でもある。

おでかけどき

菜の花の時期はもちろん、古社の季節神事も注目

菜の花と桜の見頃は3月中旬〜4月中旬にかけて。小湊鐵道・高滝駅そばの高滝神社で行われる4月中旬の春季例大祭での花嫁行列を見に行くのも一興。いすみ鉄道沿線では、国吉駅近くの国吉神社で9月第3日曜に行われる秋季例大祭の神輿や神楽が見もの。

散策info

いすみ鉄道株式会社 ☎0470-82-2161
所 千葉県大多喜町大多喜264（大多喜駅）
小湊鐵道株式会社 ☎0436-21-6771
所 千葉県市原市五井中央東1-1-2（五井駅）

レストラン列車（いすみ鉄道）
レストランれっしゃ

観光急行列車キハ28の車内では、イタリアンレストランのシェフが地元食材の伊勢エビやアワビなどを使って作る、本格イタリアンコースが味わえる。

写真提供:いすみ鉄道株式会社

森ラジオ ステーション（小湊鐵道）
もりラジオ ステーション

月崎駅前にあるアート作品。小湊鐵道保線員のかつての詰所小屋を森に見立て、外壁を苔と山野草で覆った。

お泊まり情報　小湊鐵道・養老渓谷駅から路線バスで3分の距離に温泉郷があり、いすみ鉄道・大多喜駅からは車移動となるがホテルが点在。

124
青森県
深浦町ほか

ジェイアールごのうせん
JR五能線

白神山地と暮らす漁師町とリンゴの実る津軽の平野をゆく

↑青森県大間越駅～秋田県岩館駅間を走行する観光列車リゾートしらかみの橅（ブナ）編成。日本海側に続く荒々しい奇岩白波は路線一の車窓風景だ。車内では郷土のイベントも行う
写真提供：JR東日本 秋田支社

↑岩館駅とあきた白神駅の間に架かる第二小入川橋梁（秋田県八峰町）は、円錐形の石積み橋脚が美しい。天気の良い日に男鹿半島も見渡せる

豊穣な森と海の恩恵を継ぐ港町で
岩木山を望む平野で育まれた文化

秋田県北部の東能代（のしろ）駅から日本海に沿って走り、青森県津軽平野にある川部駅までの43駅を結ぶ路線。

深浦町など海辺の町での生活には、世界自然遺産・白神山地が密に関わる。農業用水のための水源、良質な木材や山の食材、豊富な栄養のある水が注がれた日本海で育つ魚介など命の根源だ。「ブナの実一升、金一升」の言葉などに、山からの恩恵がうかがえる。

内陸の津軽平野の文化も多彩だ。藤崎町ではリンゴのほか、アスパラガスやにんにくも盛んに生産。つがる市の亀ヶ岡石器時代遺跡は2021年7月に世界遺産に登録された。五所川原立佞武多（ごしょがわらたちねぷた）は市民の熱意で電線を地中に埋め、大正以来の復活を遂げている。

●秋田駅からJR奥羽本線で東能代駅まで約1時間
●新青森駅からJR奥羽本線で川部駅まで約30分
●秋田駅からリゾートしらかみで新青森駅まで約5時間

秋田駅～弘前駅・新青森駅を結ぶリゾートしらかみでの移動がベースになる。1日3往復の運行で、事前に座席指定券が必要だ。秋田駅を出て、十二湖駅まで約2時間、深浦駅まで約2時間30分、鰺ケ沢駅まで約3時間30分、五所川原駅まで約4時間の道のり。驫木駅は1日数本運行の普通列車のみが停車する。十二湖駅から青池までは路線バスで約15分、亀ヶ岡石器時代遺跡までは木造駅から車で15分ほど、五所川原駅からは路線バスで約35分。

鰺ケ沢町
あじがさわまち

焼きイカ店が並ぶ海岸沿いは、秋になるとイカのカーテンと呼ばれる天日干しのイカが風物詩になっている。年間を通して水揚げされる鰺ヶ沢ヒラメも名物。

木造駅（つがる市）
きづくりえき

「北海道・北東北の縄文遺跡群」の構成資産の一部である亀ヶ岡石器時代遺跡の玄関口。遮光器土偶を模した通称しゃこちゃんの巨大像が、駅舎にそびえる。

津軽平野のリンゴ畑
つがるへいやのリンゴばたけ

藤崎町はリンゴの品種・ふじ発祥の町。線路の左右にはリンゴ畑が続く。後方にそびえる津軽富士の異名を持つ岩木山は、津軽の地に生きる人々の信仰の対象になっている。

深浦町
ふかうらまち

明治期には北海道と大阪を結んだ北前船の風待港として栄えた歴史もある農山漁村。下北半島の大間へ回遊するマグロが水揚げされ、漁獲量は青森随一。白神山地や十二湖を生かした観光業も盛んだ。

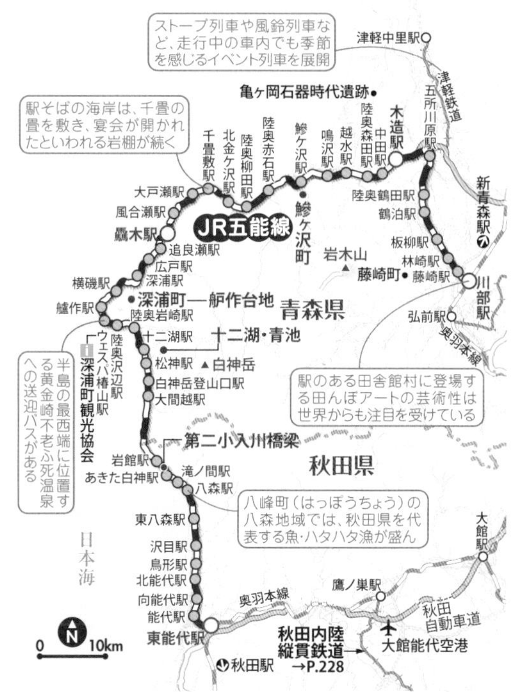

轟木駅（深浦町）
とどろきえき

荒涼とした海岸線にぽつんと一軒たたずむ木造駅舎は、映画やCMの舞台にもなった。深浦駅から普通列車で15分で到着する。

艫作台地（深浦町）
へなしだいち

白神山地麓の海岸段丘を開墾した大農地。潮風を利用した肥沃な土壌作りに尽力しブランド野菜のふかうら雪人参を生んだ。

写真提供:深浦町観光課

十二湖・青池（深浦町）
じゅうにこ・あおいけ

地震によって沢が堰き止められたことで生まれた33の湖の総称。うち12の池が崩山の中腹から見えたため十二湖となった。青池（写真）が代表的。

ここが自慢です！

世界自然遺産・白神山地の麓にある十二湖がおすすめ。特に透き通るコバルトブルーの青池や沸壺の池はまさに絶景です。
深浦町観光協会
柳谷 幸子さん

おでかけどき

リンゴが織りなす風景と熱気に包まれる夏の祭り

藤崎町では10月下旬には真っ赤なリンゴの実がなるほか、5月上旬からは白や薄いピンク色のリンゴの花（写真）が一面に咲く。5月中旬〜6月上旬は鰺ヶ沢町の菜の花畑と残雪の岩木山の共演が名物。8月4〜8日は五所川原立佞武多で、高さ23mの巨大佞武多が町を練り歩く。旧暦8月1日からの3日間に岩木山に登拝する「お山参詣」は津軽地方最大の五穀豊穣祈願祭。のぼりを掲げた大行列も見どころ。

こぼれ話

若手奏者も増える津軽三味線

江戸時代に日本各地に広まり発展した三味線だが、津軽では独自の発展を遂げた。仁太坊（にたぼう）という盲目の奏者によって、弦を叩く迫力ある叩き奏法が確立。戦後は、伴奏よりも独奏のスタイルが主流になった。ほかの三味線よりも大きな音が出る太棹を用い、小回りの利く小さな撥を使った力強い演奏が特徴。

➲リゾートしらかみ1・2・3号の五所川原駅〜鰺ヶ沢駅間では『津軽じょんがら節』などの生演奏が披露される
写真提供:
JR東日本 秋田支社

散策info
深浦町観光協会　0173-82-0875
所 青森県深浦町艫作鍋石58-23
（物産館「コロボックル」内）

お泊まり情報　鰺ケ沢駅、深浦駅周辺を中心に海岸線の眺望と温泉を満喫できるホテルやペンションが充実。人気は一軒宿の黄金崎不老ふ死温泉。

125
福島県
三島町ほか

ジェイアールただみせん
JR只見線

会津の秘境地帯を抜けて、日本を代表する米どころをつなぐ

↓金山町(かねやままち)の大志(おおし)集落。会津川口駅から車で5分ほどの戻吹(しりふき)峠から見下ろすことができる。夏場の川霧は霧幻峡の異名をもち、観光渡し舟(P.78)も人気

↑会津美里町に整然と並ぶ水田の中を走る只見線。磐梯山(ばんだいさん)や、稲穂の成長具合で季節の移ろいを感じられる場所だ

日本有数の豪雪地帯で培われてきた森と水を生かす繊細なものづくり

福島県西部の会津地方と新潟県魚沼地方にまたがる会津若松駅～小出駅までの135.2㎞・36駅を結び、2022年に2011年の豪雨災害からの全線復旧を目指している。

会津美里町の水田風景が見られる会津盆地は、阿賀川(あがのがわ)流域に広がる穀倉地帯。柳津町から南西部にあたる奥会津地方は、積雪数mにもなる豪雪地帯。只見川沿いはかつて発電用ダムの建設で賑わったが、現在は高級桐を生かした工芸品、金山町出身の写真家・星賢孝(ほしけんこう)氏による霧幻峡の渡し(P.78)で名高い。

古くから会津地方との交通の要衝で、コシヒカリの名産地でも有名な魚沼地方では、豊富な雪解け水と盆地特有の寒暖差が甘みのある良質の米を育む。

行き方

●郡山駅からJR磐越西線で会津若松駅まで約1時間20分
●浦佐駅からJR上越線で小出駅まで約8分

郡山駅と浦佐駅はいずれも新幹線が停車する。会津若松駅～会津柳津駅は約1時間、会津柳津駅～会津宮下駅間は約25分、会津宮下駅～会津川口駅間は約30分で結び、2021年10月現在不通区間の会津川口駅～只見駅間は代行バスが運行。50分ほどで両駅を結ぶ。只見駅～小出駅間は約1時間10分。

柳津町
やないづちょう

日本三大虚空蔵菩薩のひとつ圓藏寺(えんぞうじ)の門前町として開いた、奥会津の玄関口。玩具にもある赤べこは福を運ぶ赤牛を指し、柳津町が発祥地とされる。

只見町
ただみまち

只見川に流れ込む多量の雪解け水を生かし、電源開発の先駆けになった地で、水力発電所の建設などが進められた。川の中流から上流にはダム湖が続く。

第一只見川橋梁
だいいちただみがわきょうりょう

三島町の只見川に架かり、橋梁の色は町に咲く桐の花と同じ薄紫色だ。会津宮下駅から車で5分ほどの道の駅 尾瀬街道みしま宿付近に展望ポイントが整備されている。

三島町
みしままち

良質な会津桐、奥会津編み組細工などものづくりが盛ん。小正月には町内各地で一年の豊作を祈る火祭り・サイノカミ(写真)が行われる。

写真提供:三島町観光協会

ここが自慢です!

三島のサイノカミは国の重要無形民俗文化財の指定を受けている伝統行事です。また、三島の会津桐は光沢と柾目が美しい日本一の桐材! 現代の生活スタイルに合う製品も作られていますよ。
三島町観光協会のみなさん

散策info　三島町観光協会　0241-48-5000
所 福島県三島町宮下字宮下214-5
「からんころん」内

こぼれ話　銀白色でなめらかな三島町の桐

↑調湿能力や断熱効果が高い桐たんすは着物や美術品の収蔵に最適
写真提供:会津桐タンス株式会社

江戸の初期にはすでに植栽歴が残り、町の暮らしに根付いていた桐。雪深い気候と只見川が運ぶ豊かな土壌で育つ桐は、会津桐のなかでも特にきめ細かく収縮率が小さいため、緻密な細工に適した最上級の木材だ。

おでかけどき
霊場での雪中神事と春の花畑、川霧を見に行く

写真提供:会津桐タンス株式会社

毎年1月7日の圓藏寺・七日堂裸詣りは雪の中で行われる勇ましい神事。春の三島町は桐の花(写真)で薄紫色に覆われる。5月下旬は金山町にある太郎布(たらぶ)高原(P.78)に咲き誇るアザキ大根の花畑が見頃を迎える。6～9月頃の雨上がりの朝夕には只見川一帯で川霧に出会えることもある。

お泊まり情報　柳津温泉はナトリウム泉、金山温泉は炭酸泉のお湯と、それぞれ会津の山の幸も楽しめる旅館やホテルが豊富に揃っている。

126
島根県
浜田市ほか

◆ジェイアールさんいんほんせん

JR山陰本線

日本海に面した小さな港町が歩んだ歴史が、車窓に見え隠れする

山口県阿武町の宇田郷駅から東へ徒歩25分の位置にある惣郷川（そうごうがわ）橋梁は、山陰本線のなかで最も工事が難航した場所。この橋が架かったことにより、山陰本線の全線開通が叶った

海岸線に迫る山あいの入り江を結び、小さな漁村から名勝、歴史ある町を貫きながらひたすら日本海に沿って走る

京都の山地を越え、日本海沿いを走る 人々の暮らしを支えた偉大な路線

京都府から兵庫県、鳥取県、島根県を経由し、本州最西端の山口県下関まで至る国内最長路線。全長約676㎞の多くは日本海に沿って走る。

始点の京都府内に広がる亀岡盆地は、平安京の時代から京都の食材や建築資材を供給した歴史があり、和知太鼓などの伝統芸能や史跡が見られる。城崎温泉を過ぎると、岩礁の入り江に漁村特有の重厚な家並みが残る港が点在する但馬海岸に出る。続く鳥取の景勝地・浦富(うらどめ)海岸を結ぶ4つの漁港は沖合底引き網漁で水揚げされた松葉ガニが名物。大山(だいせん)の麓、宍道(しんじ)湖(こ)を経て至る、島根県西部の石見(いわみ)地方は、世界遺産石見銀山で知られ、江津市や浜田市では赤い屋根の家屋を車窓から見る機会が多い。山口県の萩からは江戸時代に藩主が御国廻りをした赤間関街道の北浦道筋が通っていた海沿いを、終点のある下関まで走る。

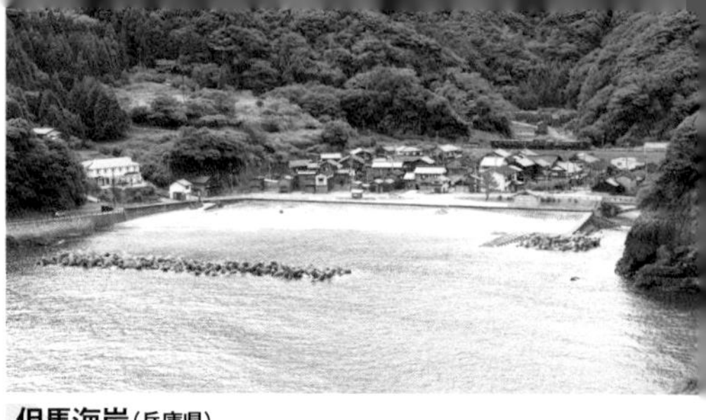

但馬海岸(兵庫県)
たじまかいがん

豊岡町～浜坂町間に続く全長約50㎞の海岸線。集落は切妻の黒い屋根の家屋が密集している。家屋においては、潮風や砂、雪から守るために、焼いた杉板を外壁に張っている。

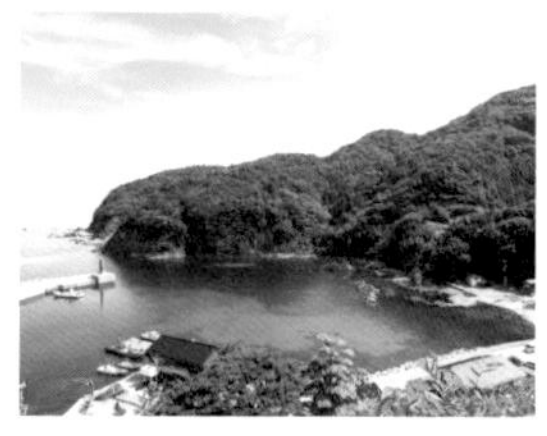

鎧駅(兵庫県)
よろいえき

周囲は山に囲まれ、駅ができるまでは陸の孤島だった。駅名は海岸の景勝地・鎧の袖に由来。海側の旧1番ホームから眼下に鎧港を望む。

京丹波町(京都府)
きょうたんばちょう

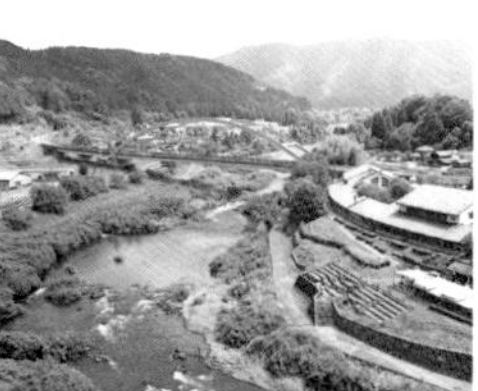

京都中央部・亀岡盆地の農山村。和知(わち)地区を流れる清流・由良川(ゆらがわ)による豊かな土壌で育つ黒豆や小豆、栗など丹波ブランドの食材は、古くから都を支えてきた。

岩美町の漁村(鳥取県)
いわみちょうのぎょそん

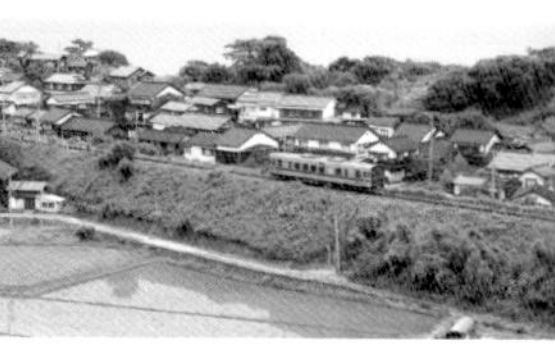

複雑な海岸線をもつ浦富(うらどめ)海岸にある網代(あじろ)、浦富、田後、東浜の4つの漁村。のれんで干す網代、すだれで干す田後のように、干し方の違うスルメイカも名物。

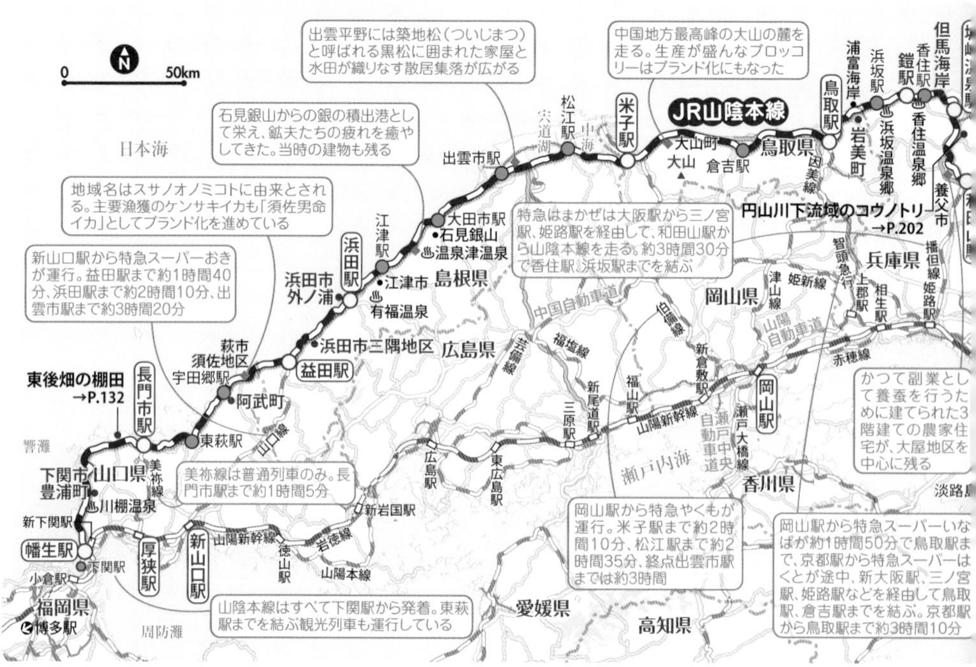

0 50km
N
日本海
JR山陰本線
出雲平野には築地松（ついじまつ）と呼ばれる黒松に囲まれた家屋と水田が織りなす散居集落が広がる
中国地方最高峰の大山の麓を走る。生産が盛んなブロッコリーはブランド化にもなった
石見銀山からの銀の積出港として栄え、鉱夫たちの疲れを癒やしてきた。当時の建物も残る
地域名はスサノオノミコトに由来とされる。主要漁獲のケンサキイカも「須佐男命イカ」としてブランド化を進めている
新山口駅から特急スーパーおきが運行。益田駅まで約1時間40分、浜田駅まで約2時間10分、出雲市駅まで約3時間20分
特急はまかぜは大阪駅から三ノ宮駅、姫路駅を経由して、和田山駅から山陰本線を走る。約3時間30分で香住駅、浜坂駅までを結ぶ
美祢線は普通列車のみ。長門市駅まで約1時間5分
岡山駅から特急やくもが運行。米子駅まで約2時間10分、松江駅まで約2時間35分、終点出雲市駅までは約3時間
岡山駅から特急スーパーいなばが約1時間50分で鳥取駅まで、京都駅から特急スーパーはくとが途中、新大阪駅、三ノ宮駅、姫路駅などを経由して鳥取駅、倉吉駅までを結ぶ。京都駅から鳥取駅まで約3時間10分
山陰本線はすべて下関駅から発着。東萩駅までを結ぶ観光列車も運行している
かつて副業として養蚕を行うために建てられた3階建ての農家住宅が、大屋地区を中心に残る
円山川下流域のコウノトリ →P.202
東後畑の棚田 →P.132
但馬海岸
香住駅
鎧駅
浜坂駅
浦富海岸
鳥取駅
岩美町
浜坂温泉郷
香住温泉郷
養父市
鳥取県
因美線
大山町
大山
倉吉駅
米子駅
松江駅
宍道湖
中海
出雲市駅
大田市駅
石見銀山
温泉津温泉
江津駅
江津市
浜田駅
浜田市外ノ浦
有福温泉
島根県
浜田市三隅地区
益田駅
萩市須佐地区
宇田郷駅
阿武町
長門市駅
東萩駅
山口線
美祢線
山口県
下関市豊浦町
川棚温泉
新下関駅
幡生駅
下関駅
小倉駅
福岡県
博多駅
厚狭駅
新山口駅
山陽新幹線
徳山駅
岩徳線
山陽本線
新岩国駅
広島駅
東広島駅
広島県
芸備線
福塩線
三原駅
新尾道駅
福山駅
伯備線
新倉敷駅
岡山駅
岡山県
津山線
姫新線
智頭急行
上郡駅
相生駅
播但線
姫路駅
兵庫県
赤穂線
中国自動車道
山陽自動車道
瀬戸中央自動車道
瀬戸大橋線
瀬戸内海
香川県
淡路島
愛媛県
高知県
響灘
周防灘

阿武町(山口県)
あぶちょう

瓶詰めの粒ウニや、赤身で希少な無角和牛が特産の町。奈古港のわかめ干しは季節の風景のひとつ。内陸部の福賀には佐々木小次郎の墓が残る。

下関市豊浦町(山口県)
しものせきしとようらちょう

航海安全や豊漁のご利益がある福徳稲荷神社からは響灘と一帯を見渡せる(写真)。川棚温泉は青龍伝説と病気快癒で昔から庶民や偉人に愛された。

浜田市外ノ浦(島根県)
はまだしとのうら

浜田駅から徒歩30分の位置にある港。古くは西廻り航路の寄港地として風待ちや、対岸交易で栄えた歴史を持つ。入り江と山地の間の狭い土地に、小さな集落が残っている。

浜田市三隅地区(島根県)
はまだしみすみちく

1000年以上の歴史を持つ手すき和紙の石州半紙(せきしゅうばんし)はユネスコ無形文化遺産。海岸砂丘にあたる折居海岸(写真)では、海のそばを鉄道が走る。

散策info 浜田市観光協会 ☎0855-24-1085
所 島根県浜田市浅井町777-35(JR浜田駅)

ここが自慢です!

浜田市には島根県で一番大きな漁港があって、お刺身や海鮮丼がとってもおいしいよ。ぼくが大好きな日本海に沈む真っ赤な夕日や、どこか懐かしさを感じる町並みもみんなに見てほしいな♪
浜田市観光協会公式キャラクター　はちえもんだるま

こぼれ話 山の緑と海の青に生える赤瓦

鳥取や島根の沿線に見られる赤い瓦屋根は、島根県石見(いわみ)地方で造られる石州瓦(せきしゅうがわら)だ。1200℃以上の高温で焼き締め、固く水を吸わず凍害に強い、豪雪地帯などで広く使われる日本三大瓦のひとつ。400年以上の歴史を持ち、江戸時代にはすでに石見の特産となり、北前船で北陸や東北にも広まった。赤褐色の釉薬は宍道町に産出し、加工しやすいことで重宝される来待石(きまちいし)の色。

➡中国地方最大の河川・江の川(ごうのかわ)の河口に位置する江津(ごうつ)市では石州瓦の家並みがよく見られる

行き方

●京都駅からJR山陰本線特急きのさきで城崎温泉駅まで約2時間25分
●鳥取駅からJR山陰本線特急スーパーまつかぜなどで浜田駅まで約3時間10分

京都駅からは城崎温泉駅行きの特急に乗るほか、福知山駅で乗り換えるパターンもある。城崎温泉駅～鳥取駅間は普通列車での移動がメインで、2時間30分ほどかかる。鳥取駅～益田駅を結ぶ特急は2時間に1本で走るほか、米子駅～出雲市駅間はさらに本数が増える。益田駅～下関駅間は特急列車がないうえ、益田駅～長門市駅の列車の多くは早朝と夕方以降の運行。山陰地方の主要都市への移動は、新大阪駅、三ノ宮駅(神戸)、岡山駅、新山口駅から中国山地を越える路線の特急の利用も考えたい。

おでかけどき

石見地方に伝わる里神楽に親しむ

浜田市や江津市など島根県西部を指す石見地域では、豪華絢爛な衣装で神話の世界を舞う伝統芸能・石見神楽が伝わる。秋に多い神社奉納や、初めての人向けに年間を通して行われる定期公演(写真)など多様で、ふれられる機会は多い。

お泊まり情報　温泉街での宿泊を考える場合、石見地方なら温泉津(ゆのつ)や有福温泉、但馬海岸方面なら香住や浜坂温泉郷が候補地になる。

127
静岡県
浜松市
ほか

◆てんりゅうはまなこてつどう

天竜浜名湖鉄道

遠州を南北に貫く大河を渡り、静岡名物が育つ畑沿いを進む

ここが自慢です!

寸座駅のホームに降り立つと目の前に奥浜名湖の素晴らしい景観が広がります。寸座という地名は、平安時代に坂上田村麻呂将軍が東征の折にこの峠で一寸(ちょっと)座ったことが由来とされています。浜松市在住の恋愛小説家いぬじゅんさんの作品の舞台にもなりました。
天竜浜名湖鉄道株式会社
縣(あがた) 健太郎さん

写真提供:天竜浜名湖鉄道株式会社

寸座
すんざ

西気賀駅～寸座駅にかけては、浜名湖にある4つの枝湾のひとつ細江湖畔の景色が開け、湾の形状やマリーナを望む。寸座駅の隣駅、浜名湖佐久米駅には冬にユリカモメの群れが到来することで話題になっている。

森町
もりまち

遠江国一宮小國神社(写真)などの社寺をはじめ、格子戸の町家や土蔵の裏路地が残り、遠州の小京都の異名をもつ。

三ヶ日みかん
みっかびみかん

国内有数の日照時間が育む、甘くて大ぶりの温州ミカン。冬に収穫してから3カ月ほど熟成させる貯蔵ミカンは、より甘みが増している。

写真提供:天竜浜名湖鉄道株式会社

およそ20種の地域ブランドを有する静岡産のお茶。芳醇な味わいが特徴の掛川茶などが栽培される鮮やかな茶畑の中を、一両編成の鉄道が走り抜ける
写真提供:天竜浜名湖鉄道株式会社

鉄道遺産や沿線の田園風景に 遠州地方の歩みと暮らしが見える

静岡県西部の遠州地方を走る全長68㎞の路線。掛川駅から天竜川を渡り、浜名湖の北岸を経て新所原駅に至る39駅には、レトロな駅舎や旧国鉄時代の遺構が残り、36もの国の登録有形文化財が集まる。

沿線東部は、古くは塩の道として山と海を結んだ秋葉街道の宿場町風情が残る森町、天竜川を中心に山間部から平野部への玄関口となる浜松市の天竜二俣地区や磐田市の富岡地区一帯には、広大な水田や茶畑、特産のころ柿や次郎柿の畑が続く。江戸時代に関所が置かれた気賀など沿線西部は奥浜名湖エリア。井伊家ゆかりの史跡が見られ、ウナギの養殖や三ヶ日みかんの栽培が盛んに行われている。

おでかけどき

春は満開の桜と華やかな姫様道中が見もの

毎年1月に天竜区水窪町(みさくぼちょう)の西浦観音堂で夜通し舞う伝統芸能・西浦田楽が有名。桜の名所は遠江一宮駅～敷地駅間で3月下旬から4月上旬が見頃。4月最初の土・日曜に気賀関所から都田川堤までを姫の一行が練り歩く姫様道中も華やかだ。

行き方

●浜松駅からJR東海道本線で掛川駅、新所原駅まで各約25分
●浜松駅から遠州鉄道で西鹿島駅まで約30分

掛川駅と新所原駅はJR東海道本線との接続駅。掛川駅、遠州森駅、天竜二俣駅、都田駅、寸座駅、新所原駅間はそれぞれ20～30分で結ばれており、概ね1時間に1本の運行。

浜松市天竜地区
はままつしてんりゅうちく

写真提供:天竜浜名湖鉄道株式会社

古くより信州伊那谷と平野部を結ぶ交通の要衝で、天竜川の舟運は物資運搬などの経済活動に不可欠だった。天竜川橋梁(写真)は沿線最長の橋梁。

都田駅
みやこだえき

壁に北欧マリメッコ柄のパネルが和の手法で組まれた駅カフェは沿線一の憩いの場だ。

写真提供:天竜浜名湖鉄道株式会社

天竜二俣駅
てんりゅうふたまたえき

旧国鉄時代の扇型機関車や転車台、鉄道資料館などがある。見学ツアーも実施。

写真提供:
天竜浜名湖鉄道株式会社

こぼれ話 おんな城主・井伊直虎で脚光

江戸時代の彦根藩主であった井伊家発祥の地で、おんな城主となって井伊家存亡の危機を救った直虎ゆかりの史跡が集まる井伊谷地区。金指駅から徒歩30分、浜松駅からバスで約50分。

龍潭寺は井伊家の菩提寺。直虎の墓もここにある

散策info
天竜浜名湖鉄道株式会社 ☎053-925-2276
所 静岡県浜松市天竜区二俣町阿蔵114-2

お泊まり情報 二俣本町駅には1日1組限定の駅舎ホテルが登場している。浜名湖畔には湖畔ビューのホテルや温泉旅館などが点在。

128
長崎県
東彼杵町
ほか

ジェイアールおおむらせん

JR大村線

棚田が広がる傾斜地と、陸に囲まれた穏やかな海の間を走る

湖を思わせる、穏やかな内海
大村湾で育まれた産業と食文化

長崎県の中央部に位置する大村湾沿いを走る路線。早岐から諫早までの13駅をつなぐ沿線地域は、大村湾とともに長い歴史を歩んできた。

外海とつながるのは北部にある狭い2つの瀬戸のみ。潮汐の変化が小さく静かな海中は良質の真珠が育ち、千綿駅や松原駅のある地域では養殖が盛んに行われてきたこともあり、長崎県は日本有数の真珠の生産量を誇る。江戸時代から捕鯨の集積基地であった東彼杵は鯨問屋や仲買人で賑わった町で、クジラの食文化が今も残り、町の特産にもなっている。湾や路線の名前になっている大村の町は、日本で最初のキリシタン大名・大村純忠が治めた城下町だ。

行き方

●博多駅からJR長崎本線・佐世保線特急みどりで早岐駅まで約1時間40分
●博多駅からJR長崎本線特急かもめで諫早駅まで約1時間45分

多くの列車は佐世保駅または長崎駅から出発する。早岐駅～川棚駅は約20分、川棚駅～彼杵駅間、彼杵駅～千綿駅間は約6分、千綿駅～大村駅間は約18分、大村駅～諫早駅間は約10分で結ぶ。千綿駅は一部の列車が通過。大村駅からは長崎県営バスに乗って約12分で長崎空港へ、約5分で大村公園にアクセスできる。川棚町の魚雷発射試験場跡へは川棚駅から大村線で5分の小串郷駅から徒歩30分でアクセスできる。千綿渓四十八潭は千綿駅から車で15分ほどの距離にある。

千綿駅から南に徒歩30分ほど歩いた先にある江ノ串漁港から丘陵地を500mほど上がったところに広がる江ノ串の棚田。大村湾、漁港、海沿いを走る鉄道を一望する絶好のポイントだ
※青い車両(キハ66、67)は2021年6月で引退

東彼杵町の茶畑
ひがしそのぎちょうのちゃばたけ

大村湾を望む斜面地で、丸みのある茶葉が特徴のそのぎ茶が栽培されている。日本茶の品評会で1位になったことも。

千綿渓四十八潭
ちわたけいよんじゅうはちたん

千綿川沿いに滝や淵が48カ所続く。渓谷全体を龍に見立てて、八間滝(写真)を龍頭泉と名付けた経緯がある。

千綿駅
ちわたえき

レトロな木造駅舎と、ホームの目の前に広がる湾の絶景はフォトスポットで人気。駅舎内にはカフェも併設する。

ここが自慢です!

茶畑と大村湾が織りなすグリーン&ブルーのコントラストが美しい東彼杵町。特産のそのぎ茶は日本一に輝くなど高い評価を受けています。夕日の絶景で知られる千綿駅周辺には飲食店などが続々オープン。旅するように暮らせるローカルタウンは活気にあふれています!

東彼杵町役場 まちづくり課　中山 雄一さん

散策info 東彼杵町役場 まちづくり課商工観光係
0957-46-1286

大村湾
おおむらわん

約9000年前に湾北西部の針尾瀬戸(はりおせと)から海水が流入して生まれた。真珠の養殖が行われ、スナメリやカブトガニが生息する独自の生態系も特徴的。

川棚町
かわたなちょう

東の虚空蔵山(こくぞうさん)と、木場川沿いに広がる日向(ひなた)の棚田が町のシンボル。片島公園には旧日本軍の魚雷発射試験場跡(写真)など、第二次世界大戦の遺構が点在する。

こぼれ話 本場のクジラ料理を味わおう

クジラ料理は東彼杵町の郷土の味。今も月に一度、入札が行われ、新鮮な鯨肉を味わえる店が集まる。赤身の刺身、背中の皮を使ったコリコリ食感の湯かけクジラが地元で人気の味だ。

⬇クジラベーコンとクジラの角煮がたっぷり入った釜めしはおみやげにも人気だ

おでかけどき
大村公園でのリレー開花と東彼杵町の伝統行事

大村公園では毎年3月の桜に始まり、5月下旬〜6月中旬の花菖蒲まで、花のリレー開花が名物だ。東彼杵町では新茶シーズンには江戸時代から続くそのぎ茶市が開かれ、即売会もある。7月末の祇園祭は300年続く伝統行事で、華やかな装束や芸能が披露される。

お泊まり情報　川棚町大崎半島には温泉宿などが点在し、千綿には湾を見渡す小さな宿がある。大村駅、諫早駅周辺には交通至便なホテルが多い。

129
秋田県
仙北市・
北秋田市

◆あきたないりくじゅうかんてつどう

秋田内陸縦貫鉄道

マタギの里を縦断するローカル線で地域に親しむ

↑人気のイベント列車・ごっつお玉手箱列車。手作り料理などを通じて、地元の農家の方とふれあえる

↑西木町の羽後長戸呂駅から。大石岳を望む里山の風景の中を赤い車両が静かに走る。駅周辺には一棟貸しの農家民宿がある

山深い里で受け継がれてきた狩猟文化と自然への畏敬を知る

秋田県内陸の山間部を南北に縦貫する鉄道。角館駅から鷹巣駅までを約2時間30分でつなぎ、週末には観光車両なども走る。

路線の中間地にある森吉山麓は、ブナの原生林が広がり、かつてはクマなどの野生動物が多く、狩猟を生業とするマタギの文化が誕生。金・銀・銅の鉱山で栄えた歴史もある阿仁地域の根子(ねっこ)や打当(うっとう)、比立内(ひたちない)などが代表的なマタギの集落で、装備の変化がありながらも、山を敬い森と生きる暮らしは今も続く。

武家屋敷で名高い角館へ流れる桧木内川(ひのきないがわ)沿いにある西木町では、凶作対策で栽培が始まり、今では日本一大きな栗とされる西明寺栗を生産している。

行き方

●秋田駅からJR奥羽本線普通で鷹ノ巣駅まで約1時間30分
●秋田駅から秋田新幹線こまちで角館駅まで約50分
秋田内陸縦貫鉄道では「鷹巣駅」で表記。運行本数は2時間に1本程度。大半は各駅停車だが、快速と急行列車も1日に数本走る。鷹巣駅～縄文小ヶ田駅間は約6分、縄文小ヶ田駅～阿仁マタギ駅間は約1時間30分、阿仁マタギ駅～上桧木内駅間は約20分、上桧木内駅～八津駅間は約20分、八津駅～角館駅間は約15分でそれぞれ移動できる。西木町のかたくり群生の郷は八津駅から徒歩5分。

ここが自慢です！

風光明媚な秋田内陸線の沿線では、ダイナミックに四季の色合いを楽しむことができます！急行列車の車内ではアテンダントが毎日観光アナウンスをしておりますので、みなさんに直接お会いできるのを心より楽しみにしております。秋田内陸線さ、来てたんせ～!!
秋田内陸縦貫鉄道
観光アテンダント　橋本 由子さん

おでかけどき

春はカタクリの花、夏は田んぼアートが名物

上桧木内地区では2月の夜空に3～8mもの巨大な紙風船が舞う紙風船上げに多くの人々が訪れる。4月中旬から5月上旬は西木町のかたくり群生の郷が開園。7月～9月上旬までは上桧木内駅周辺のほか沿線4つの区間で田んぼアートを車窓から観賞できる。

森吉山
もりよしざん

標高1454mの古火山は、山麓での暮らしを支えてきた、マタギ文化の象徴。東麓の高山植物や冬季の樹氷も名物だ。

田んぼアート
たんぼアート

車窓から美しく見えるよう、異なる種類の稲で立体感ある絵や文字を表現。写真は上桧木内駅付近の作品。

大又川橋梁
おおまたがわきょうりょう

笑内(おかしない)駅～萱草(かやくさ)駅の間の阿仁川に架かる真っ赤な橋梁は沿線のシンボルで、萱草駅から徒歩15分ほどの位置だ。トラスがないので、視界が遮られることなく、車窓から渓谷を望める。

西木町
にしきちょう

戸沢駅～西明寺駅周辺の町で、栗林の下にはカタクリの群生地が広がる。一度生産が途絶え、地元の人が復活させた鎌足(かまたり)和紙にも注目。

伊勢堂岱遺跡
いせどうたいいせき

2021年7月に世界遺産の一部に登録。約4000年前の環状列石など貴重な遺跡が見られる。縄文小ヶ田駅から徒歩5分。

こぼれ話　山とともに生きたマタギの人々

晩秋～早春にかけ、シカリと呼ばれる頭領を中心に数人で山に入り、狩り小屋を拠点に集団猟を行うのがマタギの狩りだ。独特の山岳信仰やしきたり、言葉を持っていた。

↑銃やマタギイヌと呼ばれる秋田犬を駆使しながら狩猟を行った

散策info
秋田内陸縦貫鉄道株式会社　☎0186-82-3231
所 秋田県北秋田市阿仁銀山下新町41-1

お泊まり情報　阿仁前田温泉駅、西明寺駅の西木温泉など温泉地が点在。里山の農家民宿、マタギ体験のできる打当温泉の宿などもユニークだ。

懐かしの記憶を刻む木造駅舎

駅に降り立つ瞬間、まるで故郷のような落ち着きと、緑や大地の香りに包まれる。いつでも「おかえり」と語りかけてくれる、のどかな駅を訪ねる。

恵比島駅
上神梅駅
美作滝尾駅
嘉例川駅

130 群馬県 みどり市

上神梅駅
◆かみかんばいえき

⬇桐生駅から約30分で、わたらせ渓谷鐵道の普通列車のみ停車する。トロッコわたらせ渓谷号などの観光列車は通過するが、駅舎を眺めることができる

登録有形文化財に登録された
ノスタルジックな駅舎

群馬県桐生市から栃木県日光市足尾町を結ぶ、わたらせ渓谷鐵道の駅舎。かつて足尾銅山で産出した銅や物資を運んだ足尾鉄道をルーツとし、大正元年(1912)に駅舎が建造された。無人駅には木製の改札やベンチが当時のまま残り、渡良瀬川の清流や緑の木々に囲まれた自然に癒やされる。

散策info ☎0277-73-2110(わたらせ渓谷鐵道本社) 所 群馬県みどり市大間々町上神梅245

➡貴船神社の最寄り駅で参拝後に駅の待合室を利用する人も多い

131 北海道 沼田町

恵比島駅
◆えびしまえき

⬇深川駅から約25分。町並みや電車が停車する日常風景の撮影が行われ、エキストラとして多くの沼田町民が出演協力した

ドラマの名場面を彷彿させる
郷愁を思わせる建築美

北海道の深川駅から留萌駅までを走るJR留萌本線の無人駅。1999年放送のNHK連続テレビ小説『すずらん』で、明日萌駅(あしもいえき)として登場し、レトロな駅舎と町並みが話題となった。ドラマで使われたセットが現存し活用されており、線路が一直線に続く光景も美しい。町内にはドラマに登場した萌の丘があり、北空知(きたそらち)が一望できる隠れ絶景スポットとなっている。

散策info ☎0164-34-6373(沼田町観光協会) 所 北海道沼田町恵比島

⬅駅名はドラマで使用された「明日萌駅」と記されている

132 鹿児島県霧島市

嘉例川駅

◆かれいがわえき

静寂を保ち、旅人を待つ山間の美しすぎる無人駅

⬇臨時特急列車はやとの風(2021年11月現在、運休中)は約5分間停車するので、ホームに降りて撮影も可能

明治36年(1903)開業、鹿児島県内で最も古い木造駅舎。熊本県八代市から鹿児島県霧島市を縦断するJR肥薩線の無人駅で、雄大な霧島山系の山間部にたたずむ。かつては木造運搬で栄え、待合室やホームには木製の長椅子が設置されている。趣深い駅舎全体が登録有形文化財に登録されている。九州新幹線の開業とともに運転が始まった、臨時特急列車はやとの風が停車し、記念撮影スポットとして人気。

散策info ☎0995-45-5111(霧島市役所) 所 鹿児島県霧島市隼人町嘉例川2174

⬅100年以上経っても現役の駅舎として人々を送り出す役割を担う。隼人駅から約25分

133 岡山県津山市

美作滝尾駅

◆みまさかたきおえき

のどかな田園地域に立つ趣深い赤瓦屋根の駅舎

⬇映画『男はつらいよ』のシリーズ最終作『寅次郎紅の花』のロケ地になっており、出入口の横に記念碑が立つ。津山駅から約17分

昭和3年(1928)開業、戦前から残る希少な木造駅舎。切妻造桟瓦葺(きりつまづくりさんがわらぶき)、木造平屋、木造の窓枠など、昭和初期の駅舎の特徴を持ち、2008年に登録有形文化財に登録されている。JR因美線の停車駅として現在も利用されており、年に数回運行される臨時列車みまさかスローライフ列車の停車駅となっている。ホームに降り、駅の旧事務室の内部を見学できるなどの特典もある。

➡鳥取県と岡山県をつなぐJR因美線。かつては貨物列車が入線し、荷物の積み下ろしなどをしていた

➡手入れの行き届いたホーム。出入口に植えられた2本の松や花壇の手入れ、駅舎の清掃などはすべて地元の人々が協力して行っている

散策info ☎なし 所 岡山県津山市堀坂257-3

のどかな暮らしとぬくもりにふれる

グリーンツーリズム

農村や漁村で余暇を過ごしながら、地域の人との交流を楽しめるグリーンツーリズム。農作業や食文化を知ることで、里山での生活をより身近に感じられる。近年注目を集める「新しい旅のかたち」で、今までにない感動体験に出会いたい。

↑9～10月になると山形県発祥のブランド米・つや姫の稲刈りが始まる

最上川流域は鮎釣りの名所。周辺の道の駅では鮎の塩焼きを販売している

山形県最上地方の伝統食である菊。秋になると農産物直売所などに並ぶ

地方の日常や農家の素顔にふれ癒やしを体感するスローな旅路

グリーンツーリズムとは、自然豊かな農村や漁村へ訪れ、暮らしや文化、人々との交流を楽しむ滞在型の観光。グリーンツーリズム発祥地のヨーロッパでは、夏のバカンスを農村で過ごすのが定番だ。日本では、グリーンツーリズムを推進する農山漁村余暇法が1994年に制定され、各地で広く旅行者の受け入れが始まった。農家（漁師）民宿や地産地消の農家レストラン、農業や漁業、文化の体験と楽しみ方は多様。農家や漁師の民宿に泊まって畑仕事や地引網を体験し、夕食に地産地消の郷土料理を味わうことができる。その土地ならではの自然や日常に心癒やされ、地球にもやさしい新たな観光スタイルとして、グリーンツーリズムへの関心が高まっている。

山形県鶴岡市の月山高原にんじん。甘みがありジュースにしてもおいしい

農村・漁村を活性化する地域の取り組み

グリーンツーリズム特区を訪ねる

緑豊かな農村地域で、自然、文化、人々とのふれあいを後世に残していくために、地元の行政や住民が工夫してグリーンツーリズムの活性化に努めている。足を運べばいつでも歓迎してくれる、素敵な町に出かけてみよう。

↓安心院に数多くあるブドウ農園では、ピオーネやシャインマスカットなどのブドウ狩りを楽しめる

あるがままの農村の生活を体験

134 大分県宇佐市安心院町

◆おおいたけんうさしあじむまち

大分県北部に位置する宇佐市安心院町は、米やブドウ作りが盛んなのどかな中山間地域。1996年に安心院町グリーンツーリズム研究会を発足し、全国に先駆けて農村民泊に取り組んだ。農村民家で家族同様の時間を過ごしながら、農作物の収穫や郷土食作り、竹細工、薪割などさまざまな体験もできる。現在、約50軒の農村民家が登録している。

↓収穫した野菜を使用した郷土料理を一緒に作れる

↑コシヒカリをはじめ、ヒノヒカリ、にこまるなどの大分県産ブランド米も栽培している

↑安心院盆地の田園風景。手入れの行き届いた夏の水田は青々とした稲穂が育っている

↑市内に点在する農家に宿泊しながら農作業を手伝い、農家と語らうことができると好評

信州の農家民泊先進地

135 長野県飯田市

◆ながのけんいいだし

長野県の最南端、南アルプスと中央アルプスに囲まれた伊那谷に位置し、市田柿やリンゴなど果樹栽培が盛ん。農作業や収穫物を使った郷土料理作りなどを農家民泊で体験できる。棚田の広がる中山間地域に農家民泊が多く、どぶろく特区を活用した暮らし体験も楽しめる。

↓市内のリンゴ農園では8月中旬〜11月下旬まで多様な品種のリンゴが収穫できる

里山里海の自然や暮らしを満喫

136 石川県志賀町

◆いしかわけんしかまち

能登半島中央部に位置し、西に日本海、内陸部に山と田園風景が広がる。各地で地引網や貝細工、農業などの体験を楽しめ、伝統食を味わえる農家レストランがある。かつて薬草の一大産地だった熊野地域には、ハーブを活用した体験や農家暮らし体験のできる古民家の宿もある。

↑大島海岸での地引網体験。地元の人たちと協力して網を引き上げる

↓約180枚の棚田が連なり、稲作が行われている大笹波水田

里山の人々や生活に溶け込む幸せ

穏やかな農家民宿で過ごす

青い空と緑の大地、川のせせらぎなどの自然に五感を研ぎ澄ます時間は、何気ない日常のなかにあるよろこびを思い出させてくれる貴重なひとときを。田舎に帰省した気分で、オーナーさんとの会話や郷土料理を楽しんで。

家庭菜園のトマト。そのまま摘み取ってそのまま食べると甘くておいしい

山形県置賜地方がルーツの丸ナス。県外市場に出ることはほとんどなく地元で消費されるという

真室川町は秋田県に隣接する林業で栄えた地域。杉林の間を縫うようにさわやかな真室川が流れる

長きにわたり真室川町を見守る
高台に建つ素朴な田舎の住まい

137 農家民宿 果菜里庵
のうかみんしゅく かなりあん

広い入母屋造りの自宅を使った農家民宿。自宅の畑では、トマトやナス、大根やキャベツなど多くの種類の野菜を育てており、郷土料理フードコーディネーターの佐藤さんが味付けや色合いにこだわり食事を作る。なかでも延命楽(えんめいらく)という種類の食用菊は、エディブルフラワー(食用花)の名前が登場するずっと昔から食べられてきた山形県の伝統食。「茹でてシンプルに醤油漬けで味わうのがクセがなくおいしい」と話す佐藤さん。一緒に料理を作ったり、最上エリアを観光したり、宿泊者に合わせたていねいなおもてなしに郷土愛と温かみを感じる。

栗ごはん、ナスの肉詰め、芋煮、延命楽という紫色の菊の醤油漬け。すべて手作りの食事をいただく

ほおづきが飾られた廊下。窓からは畑やJR奥羽本線の線路が見える

真室川町の伝承野菜であるからどり芋。茎が赤紫色で主に親芋を食す

秋になると庭に咲く菊の花。食卓を彩る一品として並ぶことも

玄関を入って正面が台所。客室やダイニングはすべて1階にありくつろげる

オーナー 佐藤栄子さん

山形県真室川町出身。真室川町議会議員を経て、地区長をしながら農家民宿を営む。最上の名所を車で案内してくれることも。

民宿データ ☎090-7935-8313 所 山形県真室川町川ノ内2537 交 JR新庄駅から車で35分

人とのつながりや交流を大切に
自給的でエコな暮らしを目指して

138 農家民宿 楽屋
のうかみんしゅく らくや

「農的暮らしや無理のない範囲の自給自足にふれる宿」をコンセプトにした、埼玉県内で先駆けとなった農家民宿。オーナーの金子さんは、「農業や自給自足にふれたいというきっかけや、なぜ興味があるのかを大事にしたい」と考え、訪れた人に寄り添う体験を提供している。季節野菜の収穫やDIY体験など、暮らしのなかで実際に役立つ技術を習得できるほか、ときがわ町への移住相談も経験者として親身にアドバイスしている。

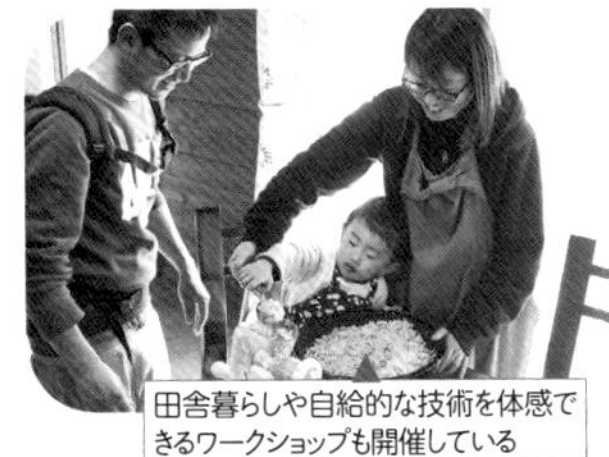
田舎暮らしや自給的な技術を体感できるワークショップも開催している

1〜7人程度宿泊できる。入浴は近隣の玉川温泉を利用してリラックス

オーナー 金子勝彦さん

埼玉県川越市出身。オーストラリアへのワーキングホリデーから帰国後、多様な仕事を経験。栃木県那須町の自給自足大学というプログラムで自給学の知識を深め、農家民宿を開業。

民宿データ ☎080-4709-2798 所 埼玉県ときがわ町日影1638-5 交 JRほか小川町駅から車で10分 HP www.rakuya-inn.com

自給菜園を自分の手で作るため、素地を学ぶ講座を開催。野菜の成長とともに自分自身もスキルが身につく

ワークショップに参加して旬の野菜を楽しく収穫体験しよう!

沖縄らしい島時間が流れる
うちなんちゅ〜の農家民宿にステイ

139 民宿和み
みんしゅくなごみ

沖縄戦終焉の地・糸満市を中心に、島の暮らしや文化を体感できる農家民宿。いちまんアンマー(糸満のお母さん)である久保田さんは、「糸満の暮らしを知ってもらえるのと同時に、みなさんの地元のことも教えてもらえるのがおもしろい」と話し、やさしい笑顔で迎えてくれる。民宿での工芸体験や三線の音色を楽しむ時間はもちろん、糸満市の体験プログラムも魅力。ひめゆりの塔周辺に建つ古民家・キャンプタルガニーアーティスティックファームで開催される「いちまんアンマーおもてなし」プログラムに申し込むと、琉球様式の古民家で沖縄料理の創作体験が楽しめる。

琉球漆器の重箱に盛り付けられた沖縄料理。地元食材を使い、ていねいに作られており、島のお母さんと一緒に調理するのでレシピも安心!

沖縄県内で育てられた野菜や野草。栄養豊富でフレッシュな野菜を生かしてクッキング!

モダンな古民家で「いちまんアンマーおもてなし」プログラムの沖縄料理の創作体験。いちまんアンマーは糸満のお母さんという方言だそう

オーナー 久保田なえ子さん

沖縄県出身。約25年東京で過ごし、沖縄に戻り民宿を始める。民宿の広い居間で三線を弾いたり、ビーチ散策などを通して、糸満を第2の故郷と思ってくれる人が増えるのが楽しみ。

民宿データ ☎090-1365-9362(糸満市観光民泊部会) 所 沖縄県糸満市米須248 交 那覇空港から車で20分

INDEX

本書の使い方

本書に掲載されている情報は2021年10月に調査・確認したものです。出版後に変更になる場合もあります。おでかけの前に最新情報をご確認ください。掲載内容には万全を期しておりますが、本書の掲載情報による損失、および個人的トラブルに関しては、弊社では一切の責任を負いかねますので、あらかじめご了承ください。

●交通機関の所要時間、本数(便数)は時期や時間帯により変動する場合があります。目安としてご利用ください。

●おすすめの季節・時間は目安です。また、花の開花時期などは年により変動しますので、事前にご確認ください。

●写真は季節や時間帯、撮影場所などにより、訪れたときの風景と異なる場合もあります。

●新型コロナウイルスの影響による訪問の際の注意事項や条件などは事前に電話やHPなどでご確認ください。

写真協力

P.24-25：十津川村役場
P.29：吉田利栄／岡山県観光連盟
P.30-33：三重フォトギャラリー／尾鷲市
P.34-35：愛南町観光協会
P.36-37：輪島市
P.44-45：瀬戸内市観光協会
P.46-47：佐渡観光交流機構南佐渡支部
P.48-49：福山観光コンベンション協会
P.50-51：NPO法人 段畑を守ろう会
P.60-61：南会津町観光物産協会
P.62-63：智頭町観光協会
P.66-67：岐阜県白川村役場
P.78-79：奥会津郷土写真家 星賢孝
P.80-81／P.196：安曇野市観光協会
P.86-87：南飛騨馬瀬川観光協会
P.98-101：豊後高田市商工観光課
P.102-105：群馬県昭和村
P.110-111：十勝観光連盟
P.112-113：和束町
P.118-119：大原観光保勝会
P.122-123：厚沢部町政策推進課
P.124-125：伊豆市観光協会 中伊豆支部／静岡県観光協会
P.142-145：佐賀県観光連盟／唐津観光協会
P.146-147：若狭高浜観光協会／福井県観光連盟
P.160：JR北海道
P.164-165：美郷ほたる館
P.166-167：雲昌寺
P.170-171：檜原村観光協会
P.172-173：笛吹市
P.194-195：竹田市観光ツーリズム協会
P.212-213：小湊鐵道株式会社
P.219：三島町観光協会／会津桐タンス株式会社
P.223：浜田市観光協会
P.224-225：天竜浜名湖鉄道株式会社
P.228-229：秋田内陸縦貫鉄道株式会社
PIXTA　ほか

このほか編集制作にあたり、多くの方々、関係諸施設からご協力いただきました。

STAFF
株式会社 K&B パブリッシャーズ

内川智行　田中香代子　吉村重実
谷口裕子　浅野裕美　尾崎健一　後藤孝宏
長谷川麻稚子　宮下幸士　大平健太　泉初江
今泉真由子　飯村仁美　金原理沙　岩切あや
大谷照美　中山航太郎　小寺二葉　近藤崇之
土屋彩奈　小川純子　小嶋遼　井島凌
小林彩香　小栗琴美　西松芽以　小畑美結
小山礼奈　山田琴音　角田彩織

表紙デザイン：山田尚志

執筆協力：遠藤優子　好地理恵　篠原史紀
伊勢本ゆかり

地球新発見の旅
What am I feeling here ?

美しい日本へ
里山里海の旅

2021年12月17日　初版第1刷発行

編　者　K&Bパブリッシャーズ編集部
発行者　河村季里
発行所　株式会社 K&Bパブリッシャーズ
〒101-0054　東京都千代田区神田錦町2-7 戸田ビル3F
電話03-3294-2771　FAX 03-3294-2772
E-Mail info@kb-p.co.jp
URL http://www.kb-p.co.jp

印刷・製本　株式会社 加藤文明社

ISBN978-4-902800-73-9　C0026

本書に掲載した地図の作成に当たっては、国土地理院発行の数値地図（国土基本情報）電子国土基本図（地図情報）、数値地図（国土基本情報）電子国土基本図（地名情報）及び数値地図（国土基本情報20万）を調整しました。

本書の掲載情報による損失、および個人的トラブルに関しては、弊社では一切の責任を負いかねますので、あらかじめご了承ください。